La conciliation judiciaire

Logiques Juridiques

Fondée par Gérard Marcou

Dirigée par Jean-Claude Némery et Thomas Perroud

Le droit n'est pas seulement un savoir, il est d'abord un ensemble de rapports et pratiques que l'on rencontre dans presque toutes les formes de sociétés. C'est pourquoi il a toujours donné lieu à la fois à une littérature de juristes professionnels, produisant le savoir juridique, et à une littérature sur le droit, produite par des philosophes, des sociologues ou des économistes notamment.

Parce que le domaine du droit s'étend sans cesse et rend de plus en plus souvent nécessaire le recours au savoir juridique spécialisé, même dans des matières où il n'avait jadis qu'une importance secondaire, les ouvrages juridiques à caractère professionnel ou pédagogique dominent l'édition, et ils tendent à réduire la recherche en droit à sa seule dimension positive. À l'inverse de cette tendance, la collection « Logiques juridiques » des éditions L'Harmattan est ouverte à toutes les approches du droit. Tout en publiant aussi des ouvrages à vocation professionnelle ou pédagogique, elle se fixe avant tout pour but de contribuer à la publication et à la diffusion des recherches en droit, ainsi qu'au dialogue scientifique sur le droit. Comme son nom l'indique, elle se veut plurielle.

Dernières parutions

Yue Zhao, *Coopérer en droit international des cours d'eau transfrontaliers, État du droit et étude du cas chinois*, 2020

Jean-Paul VALETTE, *La dynamique du pouvoir exécutif sous la Ve République (1958-1993)*, 2020.

Rachid NACER, *Les normes internationales du travail entre global et local, Étude internationale et comparée de l'interprétation des instruments de l'OIT*, 2020.

Cyprien DAGNICOURT, La protection de l'environnement en période de conflit armé, 2020.

Nawel BELHAJ, *La notion de droit réel*, 2020.

Gilles TOULEMONDE, *Le droit constitutionnel de la Ve République*, quatorzième édition, 2020.

Ariane Conus

La conciliation judiciaire

L'Harmattan

***

5-7, rue de l'École-Polytechnique – 75005 Paris
www.editions-harmattan.fr
ISBN : 978-2-343-21330-9
EAN : 9782343213309

Remerciements

Je tiens d'abord à remercier chaleureusement Madame Catherine Tirvaudey de m'avoir fait découvrir l'intérêt du sujet traité dans ce mémoire et guidé dans le déroulement de la recherche. Qu'elle trouve ici l'expression de ma gratitude pour sa très grande disponibilité et ses inestimables conseils, tant dans le cadre de ce mémoire que pour l'ensemble de mon parcours universitaire.

Mes remerciements vont également à Mesdames Fabienne Terryn et Orianne Vergara, directrices de cette formation très riche qu'est le Master II Droit Privé Appliqué.

J'adresse toute ma reconnaissance à Monsieur Laurent Kondratuk, ingénieur de recherche et membre du CRJFC, pour son considérable travail de mise en valeur du manuscrit.

J'exprime enfin ma gratitude la plus sincère à mes proches, famille et amis, pour leur aide précieuse dans la relecture de ce travail, pour leur patience, ainsi que leur attention bienveillante et soutien inconditionnel.

Sommaire

Liste des principales abréviations

C. civ.	Code civil
C. pr. civ.	Code de procédure civile
C. trav.	Code du travail
Cass. civ. / soc.	Cour de cassation (chambre civile et sociale)
COJ	Code de l'organisation judiciaire
CPH	Conseil de prud'hommes
D.	Décret
Gaz. Pal.	Gazette du Palais
JAF	Juge aux Affaires Familiales
JCP	Juris-Classeur Périodique
L.	Loi
LPA	*Les Petites Affiches*
O.	Ordonnance
RTD civ.	*Revue trimestrielle de droit civil*
TGI	Tribunal de Grande instance
TI	Tribunal d'instance
TPBR	Tribunal paritaire des baux ruraux

Introduction

> « Trancher, c'est séparer, tirer une ligne entre "le tien" et "le mien". La finalité de la paix sociale fait apparaître en filigrane quelque chose de plus profond qui touche à la reconnaissance mutuelle ; ne disons pas réconciliation ; parlons encore moins d'amour et de pardon, qui ne sont plus des grandeurs juridiques, parlons plutôt de reconnaissance ». (Paul Ricœur)[1]

En accord avec cette *finalité de paix sociale*, la conception d'une justice au plus près du justiciable est sans doute « aussi ancienne que la justice elle-même »[2]. Pour Gérard Cornu, elle serait même plus ancienne : « elle est biblique, elle est proverbiale ; elle appartient à la sagesse des nations et à la pensée antique »[3]. Dans l'imagerie populaire, Saint-Louis rendant la justice sous son chêne à Vincennes par une méthode dialectique, orale et informelle, est une figure symbolique d'un pouvoir judiciaire directement accessible.

C'est dans une volonté de proximité entre l'institution judiciaire et les justiciables que la conciliation prend tout son sens. Elle s'appuie sur le modèle d'un juge avec deux attributs : à la fois *juge* « jupitérien », figure de la justice classique pyramidale, et

---

[1] P. Ricœur, *Le Juste,* Paris, Esprit, 2001, p. 190.

[2] V. « Proximité (justice de) », L. Cadiet (dir.), *Dictionnaire de la Justice*, PUF, 2004, p. 1103s.

[3] G. Cornu, « Les modes alternatifs de règlement des conflits », *Revue internationale de droit comparé,* Vol. 49/2, 1997, p. 313-323, spéc. p. 314.

juge « herculéen », perçu comme un « ingénieur social »[4], adaptant son office aux circonstances subjectives[5].

Les relations entre la conciliation et l'institution judiciaire ont été marquées par de nombreuses évolutions. Bien que l'idée soit ancienne, une conciliation intrinsèque au système judiciaire, et plus précisément aux juridictions civiles – lesquelles constitueront le périmètre de cette étude – n'a été institutionnalisée qu'après la Révolution, par la création de juges de paix recrutés parmi les notables[6]. Sans exercer aucune autre juridiction, le juge de paix était seulement un « ange pacificateur »[7] en charge de la conciliation entre les parties : « petite conciliation »[8], menée par les juges de paix et condition *sine qua non* avant l'introduction d'une instance contentieuse ; ou « grande conciliation »[9], préliminaire organisé pour les affaires relevant d'autres tribunaux civils.

Cette institution conciliationnelle à part entière a fonctionné durant plus d'un siècle et demi. La *conflictualisation* des relations

---

[4] Y. Bernand, « Aspects pratiques de la conciliation devant le tribunal d'instance », LPA n°074, 12 avr. 2019, p. 11.

[5] Selon la distinction établie par F. Ost, « Jupiter, Hercule, Hermès, trois modèles de juge », *in* P. Bouretz (dir.), *La force du droit. Panorama des débats contemporains,* Esprit, 1991, p. 241.

[6] Créés par la loi des 16 et 24 août 1790 sur l'organisation judiciaire.

[7] Expression donnée par V. Treillhard, dans l'« exposé des motifs au corps législatif du 4 avril 1806 », cité par J.-P. Royer, *Être juge demain : Belgique, Espagne, France, Italie, Pays-Bas, Pologne et RFA,* Septentrion, 1983, p. 345.

[8] La « petite conciliation » est issue de la pratique de certains juges de paix, qui virent dans leur fonction une mission implicite de conciliation préalable, avant un potentiel jugement. Prenant acte de son succès, cette pratique fut consacrée par l'art. 17 d'une loi du 25 mai 1838, avec un caractère facultatif. Ce préalable est ensuite devenu obligatoire par la consécration d'une loi du 2 mai 1855.

[9] Ce préliminaire de conciliation n'est pas d'origine prétorienne mais a été organisé par la loi des 16 et 24 août 1790, uniquement pour les affaires relevant des tribunaux de district. En raison du faible enthousiasme des plaideurs face à cette pratique, cette « grande conciliation » a été supprimée par une loi du 9 février 1949 (n°49-178).

autant que la complexification des affaires[10] a mis un terme à son fonctionnement. Les justiciables attendaient de la justice non pas tant de pouvoir exprimer leur désaccord que d'obtenir *la* décision judiciaire susceptible de régler ces « faits entendus ou malentendus »[11]. La mission conciliationnelle a fini par être corrélée aux pouvoirs juridictionnels de tribunaux d'instance, se substituant à l'institution des juges de paix en 1958[12]. Un même juge d'instance était alors à l'origine d'un « ordre juridique imposé », et d'un « ordre juridique négocié »[13].

L'avènement du nouveau Code de procédure civile en 1975 a intégré encore davantage la conciliation au procès civil en inscrivant cette mission conciliationnelle pacificatrice au rang de ses principes directeurs, entre les droits de la défense et la publicité des débats. Constituant un chapitre isolé[14], l'article 21 du Code de procédure civile dispose expressément qu'« il entre dans la mission du juge de concilier les parties ».

Par cette réforme, le législateur a renforcé *l'institutionnalisation* de la conciliation, de telle sorte qu'elle ne relève plus exclusivement de la mission d'un juge spécialisé mais de l'ensemble des juges civils[15].

Dans un souci de clarté et de concision, ce mémoire s'attachera à la question de la conciliation menée par les juges civils de première instance.

---

[10] L. Casaux-Labrunée, J.-F. Roberge (dir.), *Pour un droit du règlement amiable des différends (des défis à relever pour une justice de qualité),* LGDJ/Lextenso, 2018, p. 54.

[11] L. Casaux-Labrunée, « La liberté de se réconcilier », *in Des liens et des droits. Mélanges J.-P. Laborde*, Dalloz, 2015, p. 522.

[12] Par l'O. n°58-1273 du 22 déc. 1958 relative à l'organisation judiciaire et le D. n°58-1286 du 22 déc. 1958 portant application de l'ordonnance.

[13] L. Cadiet « Solution judiciaire et règlement amiable des litiges : de la contradiction à la conciliation », *in Le droit de l'entreprise dans ses relations externes à la fin du XXe siècle, Mélanges C. Champaud*, Dalloz, 1997, p. 123s.

[14] C. pr. civ., Livre premier, Titre VI, Chapitre I « La conciliation ».

[15] Tous les juges du fond, quelle que soit la juridiction judiciaire à laquelle ils sont rattachés ; tous les magistrats chargés de l'instruction (juges et conseillers de la mise en état, juges rapporteurs, etc.) et magistrats spécialisés (juge des référés, JAF, etc.).

La conciliation fait désormais partie de l'office du juge. Articulée à son office juridictionnel issu de l'article 12 du Code de procédure civile, l'article 21 du même Code nous fait comprendre que le juge a désormais à sa disposition deux modes judiciaires de règlement pour trouver une solution au litige : une solution juridiquement imposée ou amiablement trouvée[16].

Pour assister le juge et pallier son manque de temps, le législateur a institué en 1995[17] un second type de conciliation judiciaire, « la conciliation déléguée », menée par un conciliateur[18] sur délégation du juge.

Cette conciliation, qu'elle soit directement menée par le juge ou déléguée à un conciliateur, est depuis régie par les articles 127 à 131 du Code de procédure civile. Ce déploiement de la conciliation judiciaire s'inscrit dans un mouvement d'expansion des Modes amiables de règlement des différends (MARD)[19].

La nature « judiciaire » de la conciliation n'est pas explicitement précisée dans les dispositions du Code de procédure civile, étant de fait inscrite dans ce cadre[20]. Dès lors que la conciliation est partie prenante de l'institution judiciaire, aucune définition légale n'a d'ailleurs jamais été édifiée[21].

---

[16] N. Cayrol, *Procédure civile,* Dalloz, 2017, p. 329.

[17] L. n°95-125 du 8 fév. 1995 relative à l'organisation des juridictions et à la procédure civile, pénale et administrative.

[18] Le conciliateur avait précédemment fait son apparition dans le système de la justice étatique par un D. n°78-381 du 20 mars 1978 relatif aux conciliateurs de justice.

[19] Ci-après seront utilisés les acronymes suivants : MARD pour « mode alternatif de règlement des *différends* » ; MARL pour « mode alternatif de règlement des *litiges* » et MARC pour « mode alternatif de règlement des *conflits* ». Sur la différence entre MARD, MARL et MARC, v. notamment : C Papin, « MARC, MARL ou MARD ? Un acronyme récent désignant une réalité ancienne… », Site du cabinet d'avocats Papin, Actualité « Les modes alternatifs de règlement des conflits », 10 avr. 2015, www.avocats-papin.fr

[20] Alors même que le C. pr. civ. prend le soin de préciser la nature des médiations et conciliations *conventionnelles* aux arts. 1528s.

[21] La ch. soc. de la Cass. avait tenté de définir l'objet de la conciliation judiciaire en matière prud'homale, sans que cette définition n'ait été consacrée par le code : « La conciliation judiciaire préalable obligatoire

Les contours de la conciliation judiciaire peuvent être définis selon deux approches. La première consiste à construire une définition par distinction avec d'autres notions voisines. Ainsi la conciliation judiciaire est souvent confondue avec la *conciliation conventionnelle* ; ou bien encore avec la médiation, alors même qu'elles sont complémentaires[22]. Une confusion existe aussi entre conciliation judiciaire et *pacte d'amiable composition*[23], lequel permet aux parties d'affranchir le juge d'une stricte application du droit pour rechercher une solution plus juste, plus équitable. En dépit de quelques similitudes, ces deux notions diffèrent pour deux raisons. D'une part, alors que la conciliation aboutit à un accord contractuel, l'amiable composition aboutit directement à un jugement, acte juridictionnel. D'autre part, on peut considérer que l'amiable composition amoindrit l'office du juge, alors que la conciliation est une modalité de son exercice.

En conséquence, construire une définition de la conciliation judiciaire *a contrario* d'autres outils juridiques ne paraît guère pertinent. Cela reviendrait d'ailleurs à nier son identité propre.

La singularité de la conciliation nous amène donc à préférer une seconde méthode d'approche de la notion : définir son objet puis lui attribuer une *nature judiciaire*. Dans le langage courant, la *conciliation,* provenant du latin *conciliare*[24], est définie comme une « action qui vise à rétablir la bonne entente entre des personnes dont les opinions ou les intérêts s'opposent »[25]. Sous un angle juridique, Cornu met l'accent sur une approche pluridimensionnelle de la conciliation[26]. Selon lui, la conciliation est « un mode de solution du litige », « une phase de la procédure tendant à aboutir à cet accord »

---

de l'instance prud'homale est un acte judiciaire qui implique une participation active du bureau de conciliation à la recherche d'un accord des parties préservant les droits de chacune d'elle. Cet acte ne peut être valable que si le bureau a rempli son office, en ayant, notamment vérifié que les parties étaient informées de leurs droits respectifs » (Cass. Soc., 28 mars 2000, n°97-42.419, *Bull. civ*. V, n°135).

[22] Sur la complémentarité entre conciliation et médiation, V. *infra*, Partie II, Ch. 2, Sect. 2, §2 A.

[23] Encadré par l'art. 12, al. 4 du C. pr. civ.

[24] L. Casaux-Labrunée et J.-F. Roberge, *op. cit.*, p. 436.

[25] Dictionnaire Larousse, v. « Conciliation ».

[26] V. G. Cornu (dir.), *Vocabulaire juridique*, PUF, 12e éd. 2018.

et « un accord par lequel deux personnes en litige mettent fin à celui-ci ». Ce terme est donc *polysémique*[27] : il désigne à la fois une démarche (un moyen, un processus) et un résultat (une fin), dont l'accomplissement est cependant incertain[28].

Principe directeur du procès civil, la conciliation tirerait sa nature judiciaire de l'article 21 du Code de procédure civile ; dont la concision traduit un office exempt de nombreuses servitudes processuelles. Pour autant, la nature judiciaire de la conciliation serait-elle réductible à son fondement textuel ? N'est-elle pas davantage conditionnée à une meilleure intégration de la conciliation au cœur des juridictions civiles ?

Sans doute, les difficultés d'assimilation d'une culture de conciliation aux institutions judiciaires civiles sont-elles en partie imputables à l'absence d'idées claires sur sa définition.

En effet, ce qui pose problème et incite à la réflexion, c'est moins le fonctionnement effectif de la conciliation judiciaire en application de dispositions textuelles, que l'approximation de son caractère judiciaire en raison de la fragilité de son intégration au sein des juridictions civiles (partie I).

D'une certaine façon, ce manque de considération de la conciliation judiciaire contrevient à la fraction conciliationnelle de l'office du juge et va indirectement à l'encontre d'une mission de l'État : offrir aux justiciables les tenants d'une justice conciliationnelle.

Impulsé depuis les années 1990, le mouvement de revendication d'augmentation substantielle du nombre des juges[29] ne doit pas faire oublier que l'office du juge a aussi vocation à évoluer.

---

[27] V. « Conciliation et médiation », L. Cadiet (dir.), *Dictionnaire de la Justice, op. cit.*, p. 194. ; V. aussi : A. Jeammaud, « Propos introductifs », *in* P. Ancel et M.-C. Rivier (dir.), *Le conventionnel et le juridictionnel dans le règlement des différends,* Economica, 2001, p. 1.

[28] M.-C. Rivier (dir.), P. Ancel, G. Blanc, M. Cottin, O. Gout, X. Haubry, L. Lawson-Body, J.-L Pourret, I. Sayn, « Les modes alternatifs de règlement des conflits. Un objet nouveau dans le discours des juristes français ? », p. 44.

[29] J.-Y. Le Borgne, *Changer la justice,* PUF, 2017, p. 124. Le nombre de magistrats approchait les 6 000 personnes dans les années 90. Ils étaient environ 8 000 en 2016, soit une augmentation de 35% des effectifs en trois décennies.

La revalorisation de l'office du juge dans sa dimension conciliationnelle passe par une réappropriation de la conciliation par les institutions judiciaires civiles. Une *nouvelle culture amiable* pourrait s'appuyer sur la conciliation, alors érigée en un véritable mode de règlement judiciaire[30] (partie II).

---

[30] C. Arens, « Médiation et conciliation : modes premiers de règlement des litiges ? », *Gaz. Pal.* n°115, 25 avr. 2015, p. 13.

PREMIÈRE PARTIE
L'approximation du caractère judiciaire de la conciliation

Dans la majorité des ouvrages juridiques, les auteurs mettent l'accent sur une comparaison entre modes *judiciaires* et modes *conventionnels* de règlements amiables[31]. La conciliation judiciaire, comme son adjectif le suggère, entrerait dans la première de ces divisions.

Plus fondamentalement, la question essentielle est celle de la justification de cette nature judiciaire. Selon quels arguments la conciliation pourrait-elle revêtir l'habit du « judiciaire » ?

Sans s'attarder sur la notion de « judiciaire » – qui nécessiterait de plus amples développements – le sens courant de ce terme renvoie à ce « qui relève de la justice, à son administration [...] qui se fait en justice, par autorité de justice »[32]. Jamais conçu isolément, le terme se rapporte à d'autres expressions, tribunaux judiciaires, erreurs judiciaires, casiers judiciaires etc., et notamment à la notion de « conciliation ».

Loïc Cadiet souligne que la conciliation est « doublement judiciaire » : car elle est « mise en œuvre à l'occasion d'un procès » d'une part, et « mise en œuvre par le juge lui-même » d'autre part[33]. Ces deux composantes de la définition trouvent directement leur justification dans l'article 21 du Code de procédure civile : la conciliation *entre dans la mission du juge*, lequel intervient, *a priori,* à l'occasion d'un procès civil.

Ces éléments de définition invitent à une approche purement « contextuelle » de la nature judiciaire de la conciliation.

---

[31] M.-C. Rivier (dir.) et al., *op. cit.,* p. 10.

[32] Dictionnaire Larousse, v. « Judiciaire »,

[33] L. Cadiet, T. Clay, *Les modes alternatifs de règlement des conflits,* Dalloz, 2e éd. 2017, p. 90.

Indépendamment du fonctionnement même de la conciliation judiciaire, c'est le cadre dans lequel elle s'inscrit et la personne sous l'autorité de laquelle elle est menée qui lui confère sa nature judiciaire.

Bien qu'étant indéniables, ces deux éléments de définition méritent des précisions. D'abord parce que le procès civil dans lequel s'inscrit la conciliation n'implique pas nécessairement sa nature purement judiciaire, exclusive du conventionnel et de l'extrajudiciaire (chap. 1). Ensuite, du fait que l'intervention du juge au cours de la conciliation judiciaire ressemble moins à une impulsion qu'à une supervision conciliationnelle du juge[34] (chap. 2).

[34] J. Joly-Hurard, *Conciliation et médiation judiciaires*, Thèse de doctorat en droit sous la direction de S. Guinchard, PUAM, 2003, p. 28.

Chapitre 1
Le cadre judiciaire de la conciliation

L'environnement judiciaire dans lequel s'inscrit la conciliation constituerait l'un des éléments de sa définition entérinant sa nature judiciaire. Autrement formulé, la conciliation serait une conciliation de nature « judiciaire » puisque mise en œuvre à l'occasion d'un procès civil.

Cette précision terminologique correspond à une volonté de classer les MARD, selon qu'ils sont menés dans ou hors cadre judiciaire[35]. Cet environnement dans lequel s'inscrit la conciliation judiciaire permet donc de ne pas la confondre avec la conciliation dite *conventionnelle,* se déroulant hors du cadre judiciaire. Le procès semble ainsi élaborer une séparation entre la conciliation judiciaire et les autres modes amiables extrajudiciaires.

Pourtant, arguer que la nature judiciaire de la conciliation est justifiée en raison du cadre dans lequel elle s'effectue serait l'affranchir de toute nature conventionnelle. Or, le *conventionnel* est inhérent à la conciliation fut-elle judiciaire (Section 1). Par ailleurs, l'existence d'une instance n'est pas un élément suffisamment déterminant de la nature de la conciliation. Même si la conciliation nait à l'occasion d'un procès civil, elle peut avoir une nature extrajudiciaire, voire parajudiciaire (Section 2).

---

[35] Pour clarifier les développements, ce mémoire ne portant pas sur la différenciation des termes « instance », « procès civil » et « procédure », l'expression « *cadre judiciaire* » utilisée tout au long des développements pourra renvoyer à ces trois termes.

Section 1 – La part conventionnelle de la conciliation judiciaire

Ce *distingo* entre conciliations *judiciaire* et *conventionnelle*[36] laisse croire à une exclusion réciproque des deux adjectifs. Une fois l'adjectif « judiciaire » accolé à la conciliation, cette dernière ne serait alors nullement de nature « conventionnelle ».

Or, bien que le cadre judiciaire dans lequel s'inscrit la conciliation soit une caractéristique de sa définition, elle n'est pas synonyme d'opposition hermétique à la notion de « conventionnel ». Au contraire, la conciliation judiciaire permet l'intégration d'un mode de résolution conventionnel au cœur du procès civil. Le comportement conciliationnel des parties et l'accord de conciliation potentiel en résultant caractérisent précisément la conciliation judiciaire. Certains auteurs affirment d'ailleurs que la conciliation judiciaire participe à un « décloisonnement »[37] des champs du contrat et du procès civil, les deux notions de « judiciaire » et « conventionnelle » s'entremêlant en son sein (§ 1).

La distinction entre conciliations *judicaire* et *extrajudiciaire* est certainement plus cohérente d'un point de vue terminologique. Néanmoins, la conciliation judiciaire intègre des notions extrajudiciaires, tel que « le conflit » qui ne devrait en principe pas passer les portes du procès civil. L'extrajudiciaire s'immisce ainsi, au même titre que le conventionnel, dans la pratique de la conciliation judiciaire (§ 2).

---

[36] La conciliation appelée « conventionnelle » est celle tentée hors cadre judiciaire, en application d'une clause contractuelle ou initiée librement par les parties, avant ou en parallèle de la saisine du juge.

[37] L. Cadiet, T. Clay, *Les modes alternatifs de règlement des conflits, op. cit.*, p. 113.

§ 1 – La double nature de la conciliation judiciaire

Pour certains, la conciliation *conventionnelle* menée par un conciliateur de justice est une première négociation « connectée au procès »[38], réalisée à « l'ombre de la loi »[39].

Cette interaction entre judiciaire et conventionnel est à double sens. La conciliation judiciaire est *judiciaire*, comme son adjectif le laisse entendre, ce qui ne lui fait toutefois pas perdre son caractère conventionnel. Les parties ne perdent pas toute liberté de parole à l'égard du juge au prétexte qu'elles entrent dans un cadre judiciaire. D'une part, elles restent à l'origine de l'impulsion d'une conciliation judiciaire (A). D'autre part, l'accord de conciliation construit et consenti par les parties acquiert d'emblée une nature conventionnelle, tandis que sa nature judiciaire n'est qu'éventuelle (B).

A – Une conciliation à l'initiative des parties

Loin de « subir » la conciliation judiciaire impulsée par le juge, les parties déterminent le champ de son intervention (1) et consentent à cette tentative (2).

1 – Champ d'intervention

On sait que l'existence d'un procès civil dans lequel s'inscrit la conciliation est une condition *sine qua non* pour lui conférer une nature judiciaire. Ce cadre judiciaire est indépendant de la volonté du juge : il est issu d'une prérogative laissée aux parties d'exercer une action en justice. La conciliation judiciaire

---

[38] C. Mollard-Courtau, « Conciliateur de justice et conciliation, les piliers d'une justice de proximité citoyenne du 21e siècle », *Gaz. Pal.* n°116, 26 avr. 2014, p. 3 : la conciliation conventionnelle y est présentée comme un « *pré-judiciaire* », un corolaire de la procédure judiciaire.

[39] A. Garapon, S. Perdriolle, B. Bernabé, *La Prudence et l'Autorité. Juges et procureurs du XXIe siècle,* Odile Jacob, 2014, p. 39.

s'inscrit donc dans un cadre originellement commandé par la volonté de l'une des parties au moins.

Il revient aux parties de déterminer le champ du litige qu'elles acceptent de voir résolu judiciairement ; conformément au principe dispositif [40].

Dans la dimension conciliationnelle du procès civil, deux déterminations « subjectives »[41] du litige s'imposent successivement au juge. En effet, au seuil de l'instance, les parties déterminent par leurs prétentions l'objet du litige, et conséquemment le cadre dans lequel s'exercera le pouvoir de juridiction[42]. Par ailleurs, une nouvelle définition du litige est présentée par les parties au juge, définissant le cadre du litige qu'elles acceptent de concéder à une tentative de conciliation[43]. Les parties imposent donc au juge deux champs du litige : la matière litigieuse du procès civil et un « sous-champ » concernant les contours du litige soumis à la conciliation judiciaire.

2 – Initiative du juge et assentiment des parties

Comme « de l'huile et du vinaigre, il y aurait quelque chose de monstrueux à vouloir unir l'amiable et l'obligatoire »[44].

---

[40] V. notamment C. pr. civ., art. 4 et 5.

[41] C'est à dire une définition « particulière » du champ du litige, en ce qu'elle est choisie et donnée par les parties ; selon leur bon vouloir, leur libre arbitre, leur volonté personnelle ou conjointe, indépendamment d'une quelconque ingérence de la part du juge judiciaire.

[42] Les parties déterminent l'objet du litige sur le fondement de l'art. 4, al. 1 du C. pr. civ. : « L'objet du litige est déterminé par les prétentions respectives des parties » ; lequel s'impose au juge au visa de l'art. 5 du même code : « Le juge doit se prononcer sur tout ce qui est demandé et seulement sur ce qui est demandé ».

[43] P. Giraud, « L'office du juge dans la conciliation et la médiation judiciaires : à la (re)découverte d'un office pluriel », *Revue de droit d'Assas* n°13-14, fév. 2017, p. 96.

[44] N. Cayrol, « Observations sur l'amélioration et la simplification de la procédure civile », *in* C. Chanais et X. Lagarde (coord.), *Réformer la*

L'assentiment des parties à une tentative de conciliation judiciaire est donc la condition *sine qua non* à toute[45] procédure conciliatoire. Selon Loïc Cadiet, cet assentiment serait seulement passif car il s'agirait d'un simple « tempérament aux prérogatives procédurales du juge, guidé par le souci de tenir compte de la volonté des justiciables »[46]. C'est cette adhésion des parties qui justifie donc que les pouvoirs du juge ne soient qu'*incitatifs* en matière de conciliation judiciaire.

La première étape de la démarche consiste pour le juge à savoir déterminer si les conditions permettant de tenter une conciliation sont réunies[47]. Le juge, acteur discernant, peut ensuite proposer aux parties une conciliation, au lieu et moment qu'il estime favorable[48], sans toutefois leur imposer. Ce pouvoir de proposition d'une conciliation découle naturellement de l'article 21 du Code de procédure civile. L'imprécision de cette disposition sur les modalités de proposition de la conciliation est complétée par d'autres dispositions du code. Mentionnons, à titre d'exemple, l'article 127 du Code de procédure civile précisant que le juge peut proposer une conciliation aux parties, lorsqu'elles n'ont pas justifié avoir entrepris les diligences amiables extrajudiciaires.

Néanmoins, l'article 129 du même code permet au juge d'enjoindre aux parties, et pas seulement leur proposer, de rencontrer un conciliateur de justice, lorsqu'il doit procéder à une tentative *préalable* de conciliation. Cette hypothèse isolée

---

justice civile. Séminaire de droit processuel, Actes du colloque du 6 fév. 2018, *La Semaine Juridique n°13*, 26 mars 2018, p. 41.

45 Les préliminaires de conciliation constituent un tempérament à l'assentiment des parties en matière de conciliation. *In fine,* la conclusion d'un accord n'est évidemment pas obligatoire.

46 L. Cadiet, « Les accords sur la juridiction dans le procès », *in* P. Ancel et M.-Cl. Rivier (dir.), *op. cit*, p. 36.

47 J.-B. Drummen, « Fasc. 196 : Modes alternatifs de règlement des conflits », JurisClasseur Commercial, 30 déc. 2009, p. 4.

48 C. pr. civ., art. 127 à 131. Le juge peut proposer une conciliation à tout moment de la procédure, de l'introduction à l'extinction de l'instance ; dès la première audience, lors de la mise en état, lors de l'instruction de l'affaire, à l'audience de plaidoirie, voire même après la clôture des débats et avant le prononcé du jugement.

d'injonction s'apparente davantage à une « rencontre forcée »[49] destinée à la sensibilisation des parties à l'amiable qu'à une véritable tentative de conciliation. S'affranchissant de l'assentiment des parties, cette initiative à visée informative et pédagogique a fait l'objet de vives critiques, notamment celles émanant du professeur Guinchard qui y voyait « un grain de contrainte morale contraire à la nature non contraignante des modes amiables »[50].

Quoi qu'il en soit, tentative de conciliation ne signifie nullement « obligation pour les parties de conclure un accord ». Quand bien même les parties auraient consenti à une tentative de conciliation initiée par le juge, elles peuvent à tout moment se retirer du processus amiable sans motif et sans que ce refus n'ait d'incidence sur l'éventuelle procédure judiciaire à venir.

B – Nature hybride de l'accord issu d'une conciliation judiciaire

Bien qu'inscrit dans un cadre judiciaire, l'accord de conciliation, lorsqu'il est établi, est d'origine conventionnelle (1). Sa nature judiciaire qui viendrait s'y adjoindre, n'est que potentielle (2).

1 – Nature initialement conventionnelle de l'accord

L'accord de conciliation peut être le fait d'une seule partie, soit le demandeur lorsqu'il revient sur ses prétentions, c'est une forme de *désistement d'action*[51] ; soit le défendeur qui reconnaît

---

[49] V. Leclercq, « La médiation familiale dans la loi du 26 mai 2004 », *Lexis360, Revue Droit de la famille*, n°10, 1er oct. 2004, p. 13.

[50] S. Guinchard, *Institutions juridictionnelles,* Dalloz, 11e éd 2011, p. 998.

[51] Acte par lequel le demandeur reconnaît unilatéralement la « vanité » de ses prétentions et renonce définitivement à les porter en justice. Ce désistement d'action met donc fin au litige, contrairement au simple

la légitimité des prétentions et c'est alors une forme *d'acquiescement*[52]. Il peut être aussi le fait des deux parties, chacune acceptant de faire un pas vers l'autre, il s'agira d'une forme de *transaction*[53]. Au même titre que les contrats de droit commun, l'accord de conciliation, qu'il soit total ou partiel[54], exige une signature des parties mais aussi du tiers conciliateur[55], juge ou conciliateur de justice, témoignant d'un acte judiciairement contrôlé au visa de l'ordre public. Cet accord conventionnel s'inscrit donc dans un « environnement juridicisé »[56]. Pour autant, ni la qualité du tiers conciliateur, ni sa présence, n'influencent la nature de l'accord. Il est un rédacteur, traducteur d'une volonté des parties et ne peut imposer une clause ou en insérer une nouvelle *a posteriori* de sa signature. L'accord a ainsi – au moins dans un premier temps – une nature exclusivement conventionnelle, d'influence « juridicisée » en raison du cadre dans lequel il a été conclu.

---

désistement d'instance ou le demandeur se réserve la possibilité de soumettre à nouveau le litige à un juge (V. C. pr. civ., art. 384 et 394s.).

[52] Par l'acquiescement, le défendeur reconnaît le bien fondé des prétentions du demandeur. Selon l'art. 408 du C. pr. civ., cet acquiescement emporte « renonciation à l'action » de la part du défendeur.

[53] La transaction désigne un accord par lequel les parties mettent fin au litige ; potentiellement par le biais de concessions réciproques, même si ce n'est pas toujours le cas (art. 2044 C. civ). Accord de conciliation n'est pas systématiquement synonyme de transaction.

[54] Dans le cas d'une conciliation partielle sur l'objet du litige, l'accord issu de la conciliation devra donc préciser et mettre en évidence les faits ayant donné lieu à conciliation et ceux pouvant, le cas échéant, faire l'objet d'un recours contentieux. L'*office juridictionnel* du juge serait limité par cette partie 'subsistante' du litige.

[55] C. pr. civ., art. 130 : « La teneur de l'accord, même partiel, est consignée, selon le cas, dans un procès-verbal signé par les parties et le juge ou dans un constat signé par les parties et le conciliateur de justice ».

[56] E. Le Roy (dir.), *La conciliation et les modes para-judiciaires de règlement des litiges. Expériences françaises et nord-américaines,* Laboratoire d'anthropologie juridique de Paris, Bordeaux, Association d'études et de recherche de l'ENM, 1989, p. 106.

Conformément au droit commun des contrats, cet accord acquiert force obligatoire à l'égard des parties[57]. Il s'expose, non pas aux voies de recours ouvertes contre les jugements, mais aux actions en rescision ou nullité pour la violation d'une condition de validité, tels que les vices de consentement[58]. En présence du juge ou conciliateur de justice, garant du consentement libre et éclairé des parties, il paraît toutefois peu probable qu'une telle action aboutisse. Une contestation inhérente à l'accord peut aussi découler d'une inexécution par une partie contractante. Ce manquement contractuel ne peut donner lieu à exécution forcée, mais seulement à une action en résiliation ou en résolution[59].

2 – Nature judiciaire potentielle de l'accord

Le passage d'un *contrat d'influence « juridicisée »* à un véritable « contrat judiciaire »[60] n'est qu'éventuel. Lorsque la conciliation a été menée directement par le juge, ce dernier *peut* délivrer des extraits de procès-verbal, valant titre exécutoire[61]. Cette remise suppose donc que les parties en aient fait la demande, puisqu'il n'est pas enjoint au juge d'y procéder mécaniquement. La *force judiciaire* ne concerne ainsi que les seuls extraits de l'accord, sans modifier son origine conventionnelle. Pareillement, lorsque la conciliation a été déléguée à un conciliateur de justice par le juge, le constat d'accord rédigé *peut*, et non *doit*, être soumis à l'homologation

---

57 C. civ., art. 1103 : « Les contrats légalement formés tiennent lieu de loi à ceux qui les ont faits ».

58 Au visa des art. 1131s. du C. civ.

59 C. civ., art. 1217.

60 Pour reprendre l'expression donnée par J. Joly-Hurard dans sa thèse, *Conciliation et médiation judiciaires,* précitée.

61 C. pr. civ., art. 131, al. 1 : « Des extraits du procès-verbal dressé par le juge peuvent être délivrés. Ils valent titre exécutoire. » ; C. pr. civ. ex., art. L 111-3, créé par l'O. n°2011-1895 du 19 déc. 2011 : « Seuls constituent des titres exécutoires [...] 3° Les extraits de procès-verbaux de conciliation signés par le juge et les parties ».

du juge[62], au bon vouloir des parties, ou seulement de l'une d'entre elles. La nature judiciaire de l'accord n'apparaît alors que postérieurement, à condition que le juge lui confère force exécutoire. Dans la première comme dans la seconde hypothèse, le cadre judiciaire dans lequel est intervenu l'accord ne détermine pas sa nature judiciaire. Les effets judiciaires de l'acte dépendent de la volonté des parties de leur conférer force exécutoire. C'est en cela que la nature de la conciliation judiciaire est *prioritairement* conventionnelle, tandis que son aspect judiciaire, n'est que *subsidiaire* et *potentiel.*

En outre, remise des extraits de procès-verbal et homologation du juge n'opèrent pas une modification de la nature de l'acte, ne traduisent pas un passage du *conventionnel* au *judiciaire.* Les deux natures coexistent puisque l'accord ne se transforme pas en acte judiciaire : « il y a superposition de deux actes de nature différente et non absorption du premier par le second »[63]. Ces deux hypothèses « judiciarisent » une conciliation par nature conventionnelle. Dès lors, le maintien de la force obligatoire est désormais assorti d'une force exécutoire[64]. L'autorité du *contrat judiciaire* est ainsi renforcée. L'accord de conciliation, valant titre exécutoire, pourra alors faire l'objet d'une exécution forcée, sans qu'il ne soit nécessaire d'obtenir une nouvelle condamnation de la partie réfractaire.

Bien qu'inscrit dans un cadre judiciaire, l'accord de conciliation suit finalement le même cheminement qu'un accord obtenu dans le cadre d'une conciliation extrajudiciaire : d'abord conventionnel, puis judiciaire, par l'intervention du juge, sur demande des parties. L'existence d'une instance ne permet donc pas de distinguer deux types de conciliation, en réalité identiques en raison de leur dimension conventionnelle.

---

[62] C. pr. civ., art. 131, al. 2 : : « À tout moment, les parties ou la plus diligente d'entre elles peuvent soumettre à l'homologation du juge le constat d'accord établi par le conciliateur de justice. »

[63] I. Balensi, « L'homologation judiciaire des actes juridiques », *RTD civ.* n°33, 1978, p. 61.

[64] J.-B. Drummen, « Fasc. 196 : Modes alternatifs de règlement des conflits », *op. cit.,* p. 7.

Plus fondamentalement, cet aspect conventionnel façonne tellement la conciliation judiciaire qu'il est permis de se demander quelle nature de la conciliation influence l'autre. Le *conventionnel* tempère-t-il la nature exclusivement judiciaire de la conciliation ? Ou bien, au contraire, la conciliation judiciaire est-elle *conventionnelle* à tel point qu'elle en vient à être seulement « judiciarisée » en raison du contexte dans lequel elle s'inscrit ?

§ 2 – Règlement judiciaire d'un conflit extrajudiciaire

Dès lors que les justiciables franchissent la *grande porte* du procès civil, l'authenticité factuelle laisse place à la conjoncture d'appellations juridiques. Ce passage de l'extrajudiciaire au judiciaire exclut-il irrémédiablement toute donnée extrajudiciaire au sein du procès civil ?

A priori, en utilisant le procès civil comme critère de distinction entre conciliation extrajudiciaire et conciliation judiciaire, il serait juste d'affirmer que la première connaît uniquement des *conflits extrajudiciaires,* puisque hors cadre judiciaire, tandis que la seconde ne connaitrait que des *litiges judiciaires* puisque s'inscrivant dans un procès.

Le clivage judiciaire / extrajudiciaire n'est en réalité pas aussi simple qu'il n'y paraît. En l'absence de précision, les textes entretiennent la confusion entre les deux termes de *conflit* et de *litige,* sans leur attribuer explicitement de place au sein de la conciliation judiciaire (A). La conciliation judiciaire n'exclue en fait aucun de ces deux termes, mais permet au contraire leur assemblage. Ainsi le « conflit extrajudiciaire » a grâce à la conciliation judiciaire, toute sa place au sein du cadre judiciaire (B).

A – Confusion entre les notions de *différend, conflit* et *litige*

Sous la plume des auteurs juridiques contemporains, trois acronymes se rapportant aux modes amiables de règlement coexistent et parfois se confondent : MAR*D*[65] pour *différend,* MAR*C* pour *conflit,* et MAR*L* pour *litige.* Loin d'être des modèles de clarté, les textes légaux contribuent parfois à cette confusion, par l'emploi approximatif et indifférencié de ces trois termes[66].

Une seule lettre, un seul mot diverge. *A priori* anodine, cette dissemblance peut pourtant bouleverser l'objet de la fonction conciliatoire du juge.

Le Code de procédure civile, conçu pour le déploiement du procès civil, retient en toute logique la notion de *litige,* notamment au cœur de ses principes directeurs[67]. S'agissant de la conciliation judiciaire, on ne peut guère parler de favoritisme. Seul le terme *litige* est utilisé et, une seule fois, par l'article 127 du Code de procédure civile[68]. Toutefois, bien que cette disposition soit placée dans la partie du code relative à la conciliation « judiciaire », elle se rapporte en réalité, non pas à cette dernière, mais aux *diligences amiables extrajudiciaires*

---

[65] « MARD » (Mode alternatif de règlement des différends) est l'acronyme allégué par la loi de modernisation de la justice du 18 nov. 2016 (L. n°2016-1547).

[66] À titre d'exemples, la loi du 18 déc. 1998 (L. n°98-1163 relative à l'accès au droit et à la résolution amiable des conflits) avait introduit l'art. L 7-12-1-1 (devenu R 131-1) dans le COJ, visant « les actions tendant à la résolution amiable des *litiges ».* Plus récemment, le décret du 13 mars 2015 (D. n°2015-282 du 11 mars 2015 relatif à la simplification de la procédure civile, à la communication électronique et à la résolution amiable des différends) portait sur la résolution amiable des *« différends »,* tandis que son article 18 parlait de résolution amiable « *des litiges ».*

[67] À titre d'exemples, l'art. 4 du C. pr. civ. parle de « l'objet du *litige* » ; l'art. 12 du même code donne pour mission au juge de trancher « le *litige* ».

[68] C. pr. civ., art. 127 : « S'il n'est pas justifié [...] des diligences entreprises en vue de parvenir à une résolution amiable de leur *litige* ».

accomplies par les justiciables, avant même la saisine d'un juge. Le Code de procédure civile fait donc référence à un *litige* avant même l'éclosion d'un cadre judiciaire, donc à une conciliation *extrajudiciaire.*

L'imprécision des textes juridiques nécessite une clarification des termes : la conciliation judiciaire a-t-elle vocation à régler un « différend » ? Un « conflit » ? Un « litige » ?

Écartons d'emblée le terme « différend » qui évoque dans le langage courant « un désaccord, une contestation résultant d'une différence d'opinion »[69]. Cette notion a-juridique, d'un degré de conflictualité moindre, s'inscrit en marge de l'activité judiciarisée de la conciliation judiciaire.

La notion de « conflit » est une entremise entre *différend* et *litige.* Le conflit peut s'entendre comme une « opposition de vues ou d'intérêts, une mésentente, une situation critique de désaccord pouvant dégénérer en litige, ou en procès, ou en affrontement de fait »[70]. Sa nature extrajudiciaire ou à demi-judiciaire lui permet de saisir des dimensions « sociales, économiques, politiques, psychologiques »[71]. Originellement d'ordre *extrajuridique,* la notion de « conflit » ne s'affranchit pas nécessairement du judiciaire, mais tout *conflit* ne devient pas inévitablement un *litige.*

Différemment du *conflit,* le terme « litige » a une connotation juridique « en ce sens qu'il se définit comme un conflit sur ce que requièrent, autorisent ou interdisent les règles de droit pertinentes [...] »[72]. Le litige traduit donc juridiquement les deux termes précédents, *différend* et *conflit,* sur la scène processuelle, puisque s'apparentant à « une contestation donnant matière à un procès »[73]. Antoine Jeammaud a précisé à propos du litige que

---

69 Dictionnaire Larousse, V. « Différend ».

70 V. « Conflit », G. Cornu, *Vocabulaire juridique, op. cit.*

71 F. Terré, « Au cœur du droit, le conflit », *in* W. Baranès et M.-A. Frison-Roche (dir.), *La justice. L'obligation impossible*, Autrement, 1994, p. 100.

72 L. Cadiet, J. Normand, S. Amrani-Mekki, *Théorie générale du procès,* PUF, 2e éd 2013, p. 312.

73 Dictionnaire Larousse, V. « Litige ».

« circonscrite par l'objet des demandes et au cercle des parties, cette relation (litigieuse) est 'cristallisée' par le procès »[74].

B – Judiciarisation et déjudiciarisation du conflit

« Le litige évolue ; il est une matière vivante qui grandit et murit dans le cadre judiciaire »[75]. La conciliation judiciaire exprime cette permutation « intra judiciaire » en ce qu'elle concède au *conflit extrajudiciaire* une place au sein du judiciaire. S'opère alors une double transmutation entre *conflit* et *litige*. L'adaptation du *conflit* en *litige* lors de son entrée dans le judiciaire (1) est surpassée par la conciliation judiciaire qui *déjudiciarise*, et plus précisément « *(re)conflictualise le litige* » au cœur même de l'instance judiciaire (2).

1 – Judiciarisation du conflit au seuil de l'instance

Comme nous l'avons vu, le procès civil marque le passage de l'extrajudiciaire au judiciaire. Le cadre judiciaire dans lequel s'inscrit le procès civil conditionne la recevabilité des conflits et leur transformation en litiges[76], c'est-à-dire leur *judiciarisation*[77]. Comme l'affirme un auteur, « ce qui entre dans le Palais de justice ce n'est pas le 'conflit brut' que vivent les parties dans la

---

[74] V. 'Conflit / Litige', Définition donnée par A. Jeammaud, *in* D. Alland et S. Rials (dir.), *Dictionnaire de la culture juridique,* Lamy/PUF, 2010.

[75] S. Amrani-Mekki, *Le temps et le procès civil,* Thèse de doctorat en droit, Université Panthéon-Sorbonne (Paris I), Dalloz, 2002, p. 357s.

[76] N. Cayrol, *Procédure civile, op. cit.,* p. 5s. ; V. aussi : L. Cadiet et T. Clay, *Les modes alternatifs de règlement des conflits, op. cit.,* p. 21.

[77] D'après Loïc Cadiet, la judiciarisation est « l'opération par laquelle on passe du conflit ou du différend au litige ». V. « Judiciarisation / Déjudiciarisation » *in* L. Cadiet (dir.), *Dictionnaire de la Justice, op. cit.*

vie courante, mais le 'conflit juridique' auquel le juge devra apporter une solution juridique »[78].

Impliquées dans un procès civil, les parties ont fait le choix d'accepter la « règle du jeu juridique »[79] qui consiste à réduire leur conflit aux seuls faits concluants, strictement juridiques ou « juridicisables », sélectionnés avec soin[80]. De telle sorte que des faits non prouvables, ou fondés mais tardifs, pourront être écartés du débat judiciaire.

Le cadre judiciaire connaît ainsi une réalité conflictuelle juridiquement remodelée, à tel point que Béatrice Gorchs dénonce cette transformation des conflits « en faux litiges »[81]. La décision judiciaire découlant de cette litigiosité « n'apure pas nécessairement le conflit et n'aboutit donc pas à un véritable dénouement »[82]. Loïc Cadiet et Thomas Clay en donnent une preuve édifiante en relatant un banal conflit de voisinage au sujet d'un arbre dont les branches surplombent excessivement une propriété voisine. Suite à l'exercice d'une action en justice, le conflit est érigé en litige. Par la décision condamnant le propriétaire de l'arbre à le tailler, le règlement du litige porté devant le juge « n'inclut pas les racines plus profondes du conflit entre voisins »[83]. Ces racines *conflictuelles* pourront prendre d'autres formes de nuisances (sonores, feux de branchages, etc.). Ainsi la litigiosité du conflit déplace l'antagonisme sur un autre terrain[84].

---

[78] B. Gorchs, « La conciliation comme 'enjeu' dans la transformation du système judiciaire », *Droit et société,* Ed. Juridiques associées, 2006/1, n°62, p. 223-256, spéc. p. 228.
[79] *Ibid.*, p. 244.
[80] *Ibid.,* p. 240.
[81] B. Gorchs, « La médiation dans le procès civil : sens et contresens. Essai de mise en perspective du conflit et du litige », *RTD civ.,* 2003, p. 409.
[82] *Ibid.*
[83] L. Cadiet, T. Clay, *Les modes alternatifs de règlement des conflits, op. cit.,* p. 22.
[84] B. Gorchs, « La conciliation comme 'enjeu' dans la transformation du système judiciaire », *op. cit.,* p. 245s.

2 – « Reconflictualisation » du litige par la conciliation judiciaire

> « C'est là que les modes de règlement amiable trouvent leur intérêt, en faisant ressortir les véritables raisons du conflit au-delà de ce qu'exprime spontanément le client, en ouvrant la porte aux émotions, aux vécus, aux non-dits... et de fait, à des solutions qui ne sont pas nécessairement juridiques ou financières »[85]

Étant inscrite dans un cadre judiciaire, la fonction conciliatoire du juge « suppose l'existence d'un litige »[86]. La décision judiciaire, fruit d'une violation d'une disposition législative, ne cicatrise pas la souffrance et l'humiliation dont les justiciables ont pu faire l'objet. Ainsi, par exemple, « les salariés ne réclament pas de l'institution judiciaire qu'il soit conclu à une violation des dispositions du Code du travail, mais à la reconnaissance morale de leur situation cauchemardesque »[87].

La conciliation permet une autre approche et un nouveau remaniement du conflit. Elle est pour le tiers conciliateur, comme pour les parties, une émancipation, une échappatoire à la litigiosité du conflit. De par son discours neutre, le tiers conciliateur organise, oriente et « fait émerger à la surface le conflit sous-jacent au litige »[88]. Il doit connaître « non pas seulement les faits, mais de la manière dont les parties perçoivent ces faits »[89]. En quête d'une pacification du litige, le juge ne se limite plus seulement aux faits *prouvables* ou *communiqués dans*

---

[85] L. Casaux-Labrunée et J.-F. Roberge (dir.), *op. cit.*, p. 53.
[86] V. « Office du juge », *in* L. Cadiet (dir.), *Dictionnaire de la justice, op. cit.*, p. 925.
[87] B. Blohorn-Brenneur, « La nouvelle conciliation judiciaire », *LPA* n°245, 9 déc. 2005, p. 3.
[88] B. Gorchs, « La conciliation comme 'enjeu' dans la transformation du système judiciaire », *op. cit.*, spéc. p. 249.
[89] A. Bergeaud-Wetterwald, E. Bonis, Y. Capdepon, *Procédure civile*, Cujas, 2017, p. 878.

les temps, mais à toutes les dimensions du conflit : juridique, psychologique ou sociale[90].

Indéniablement, la décision judiciaire résout un litige que le procès civil a préalablement construit. La résolution corrélative du conflit est beaucoup plus aléatoire et incertaine.

Par la conciliation judiciaire, le tiers conciliateur tente de rechercher l'explication originelle du conflit et tient compte des conséquences qui découleraient de l'accord de conciliation. La conciliation permet ainsi qu'un mode de règlement judiciaire règle « l'intégralité du conflit et non pas seulement sa manifestation judiciaire qu'est le litige »[91]. Le *conflit extrajudiciaire* s'immisce ainsi dans la sphère judiciaire, ce qui fait perdre tout son sens à l'opposition entre conciliations judiciaire et extrajudiciaire.

Ce double mouvement de *judiciarisation* puis de *déjudiciarisation* du conflit en litige bouscule le classement chronologique[92] « différend, conflit et litige ». La conciliation judiciaire fait perdre tout son sens à l'évolution linéaire du différend en conflit, puis du conflit en litige sur l'axe évolutif du contentieux. Le judiciaire n'est plus « la suite logique » de l'extrajudiciaire, dont elle se distingue. Le conflit est exalté au cœur même de l'instance, par le biais de la conciliation judiciaire. Conciliations *extrajudiciaire* et *judiciaire* ne peuvent donc plus être définies comme deux catégories purement hermétiques. Bien qu'inscrite dans un cadre judiciaire, la conciliation judiciaire a également pour objet le règlement d'un conflit qui a pris naissance avant même d'avoir été *judiciarisé*.

---

[90] V. « Conflit / Litige », *in* D. Allandet S. Rials (dir.), *Dictionnaire de la culture juridique*, *op. cit.*

[91] P. Giraud, « L'office du juge dans la conciliation et la médiation judiciaires : à la (re)découverte d'un office pluriel », *op. cit.*, p. 85.

[92] L. Cadiet (dir.), *Dictionnaire de la Justice*, *op. cit.*, p. 198.

Section 2 – La conciliation en marge de l'instance

Si le cadre judiciaire ne constitue pas une séparation hermétique entre conciliation *judiciaire* et conciliation *extrajudiciaire,* à l'inverse, l'origine temporelle de la conciliation au sein du procès civil n'est qu'un simple « indicateur » de sa nature. La conciliation, bien qu'initiée dans un cadre temporel judiciaire, n'est pas nécessairement judiciaire voire purement judiciaire.

Les parties, alors qu'elles ont franchi les portes du procès civil, peuvent toujours convenir d'un aparté amiable extrajudiciaire (§ 1).

Par ailleurs, si en principe l'existence d'un procès civil laisse à penser que la conciliation judiciaire serait d'office entre les mains du juge, demeure-t-elle pour autant purement judiciaire lorsqu'elle est déléguée à un conciliateur de justice ? La délégation de sa mission de conciliation par le juge à un conciliateur de justice éloigne quelque peu la conciliation du cœur de la sphère judiciaire. S'organise alors une conciliation « parajudiciaire » au cœur même du procès civil (§ 2).

§ 1 – La conciliation initiée par les parties

Le jugement est aujourd'hui la fin naturelle et « ultime » du procès civil. Il n'est toutefois pas inévitable, le procès civil restant encore « la chose des parties ». Celles qui ont le pouvoir de faire naitre une instance peuvent parallèlement y mettre fin prématurément[93], notamment par un accord de conciliation.
La conciliation initiée par les parties au cours du procès civil devrait *a priori* être judiciaire. Cependant, l'ambiguïté des dispositions du Code de procédure civile laisse planer quelques

[93] C. pr. civ., art. 1 : « Seules les parties introduisent l'instance, hors les cas où la loi en dispose autrement. Elles ont la liberté d'y mettre fin avant qu'elle ne s'éteigne par l'effet du jugement ou en vertu de la loi ».

doutes sur l'existence d'une conciliation judiciaire à l'initiative des parties (A). Quoi qu'il en soit, les parties peuvent impulser une conciliation extrajudiciaire au cœur même de l'instance civile (B).

A – Exclusion de la qualification judiciaire

Dès lors que la conciliation est initiée au cours d'un procès civil, le critère de définition de la conciliation du « cadre judiciaire » lui conférerait automatiquement une nature *judiciaire.* Peu importe donc qu'il s'agisse d'une conciliation initiée par le juge ou les parties, puisque l'élan amiable n'est pas de l'office exclusif du juge. Abordant une autre approche de leur litige, les parties peuvent elles aussi être animées « d'un égal désir de se donner réciproquement ce qui est juste »[94]. L'article 128 du Code de procédure civile témoigne de ce partage volontariste de l'amiable entre les parties et le juge : « Les parties peuvent se concilier, d'elles-mêmes ou à l'initiative du juge, tout au long de l'instance ».

Cependant, les dispositions du Code de procédure civile portent à confusion quant à l'existence d'une véritable conciliation judiciaire à l'initiative des parties. La disposition législative précitée nous le fait explicitement comprendre : les parties peuvent être à l'initiative d'une conciliation, *tout au long de l'instance.* Cette conciliation, initiée par les parties, est-elle nécessairement une conciliation judiciaire sous prétexte d'être initiée dans le cadre judiciaire du procès civil ?

L'article 128 du Code de procédure civile s'inscrit au cœur de la partie législative consacrée à la conciliation judiciaire, des articles 127 à 131 du Code de procédure civile. Cependant, l'expression « *d'elles-mêmes* » fait douter du caractère judiciaire de la conciliation. En effet, le législateur entend-il que les parties demandent *d'elles-mêmes* au juge d'entreprendre une tentative

---

[94] F. Fortunet, « Le paradigme de la justice : la conciliation », *in* J.-P. Royer (coord.), *Être juge demain. Belgique, Espagne, France, Italie, Pays-Bas, Portugal, R.F.A,* Presses universitaires de Lille, 1983, p. 347.

de conciliation ? Dans ce cas, la conciliation sera alors judiciaire, c'est-à-dire au cœur du procès civil, et sous l'impulsion du juge. Ou bien cette disposition renvoie-t-elle à la conciliation que les parties entreprennent *d'elles-mêmes*, seules ou par la saisine directe d'un conciliateur de justice ; c'est-à-dire en parallèle du cadre judiciaire d'un procès civil et hors l'égide du juge ? Dans cette hypothèse, la conciliation serait qualifiée d'« extrajudiciaire », puisqu'exempte d'une quelconque impulsion du juge dans son déroulement.

Cette imprécision législative n'est-elle pas la démonstration que le législateur peine encore à appréhender la nature binaire de la conciliation judiciaire, à la fois *judiciaire* et *conventionnelle* ?

En outre, si l'on admettait que, sur le fondement de l'article 128 du Code de procédure civile, les parties puissent être à l'origine d'une tentative de conciliation judiciaire, quelle forme devrait alors prendre la demande formulée au juge pour mener une telle conciliation ?

Une seule forme de conciliation, relevant de la volonté d'une partie, est inéluctablement judiciaire : l'assignation *à fin de conciliation* ou *à toutes fins,* préliminaire conciliationnel facultatif[95], formulée par le demandeur devant le tribunal d'instance[96]. Au seuil de l'instance, le demandeur demande au juge que soit tentée une conciliation. Cette faculté offerte au demandeur est l'héritière de ce que l'on nommait autrefois la « petite conciliation », pratique de conciliation préalable facultative d'origine prétorienne pratiquée par les juges de paix et consacrée par une loi du 25 mai 1838. Du fait de son succès, elle avait été érigée en étape obligatoire[97], avant de redevenir une faculté en 1975[98].

Hormis cette hypothèse isolée, nulle disposition du Code de procédure civile ne semble organiser une telle demande au cœur

---

[95] Pour une classification des préliminaires de conciliation, v. *infra*, Partie I, Ch. 2, Sect. 1, §1 A. ; v. également *Annexe n°2.*

[96] Conformément aux art. 829 et 830 du C. pr. civ.

[97] Par une loi du 2 mai 1855, *op. cit.*

[98] Par le décret n°75-1122 du 5 déc. 1975 abrogeant et modifiant certaines dispositions en matière de procédure civile.

même de l'instance. Il y est seulement précisé que les parties peuvent demander au juge de *constater leur conciliation*[99].

Il est à noter que l'office juridictionnel ne laisse aucune liberté au juge pour choisir de trancher ou non un litige. Cette mission est pour ainsi dire *sacralisée*, à tel point qu'un manquement ou un retard dans le jugement rendrait le juge coupable d'un déni de justice[100]. Une telle « sanction » ne semble pas textuellement s'étendre à son office conciliationnel. On a toutefois du mal à imaginer qu'un juge puisse s'opposer à une demande des parties de tenter de trouver un accord de conciliation. Le Code de procédure civile ne devrait-il pas ainsi étendre le *déni de justice* au refus d'une telle demande conciliationnelle formulée par les parties à l'égard du juge ? Ce serait alors admettre que les justiciables bénéficient d'un nouveau « droit à la conciliation »[101].

B – Une conciliation extrajudiciaire imposée au juge

Outre l'ambiguïté concernant l'existence d'une conciliation judiciaire initiée par les parties, leur capacité à initier une conciliation extrajudiciaire au cours du procès civil est certaine. Le procès reste encore « la chose des parties », celles-ci pouvant mettre prématurément fin à l'instance[102]. Cette initiative autonome produit d'ailleurs de meilleurs résultats (56% de réussite en 2015) qu'en matière de conciliation déléguée (49% en 2015)[103].

---

[99] C. pr. civ., art. 129-1 : « Les parties peuvent toujours demander au juge de constater leur conciliation ».

[100] C. civ., art. 4 : « Le juge qui refusera de juger, sous prétexte du silence, de l'obscurité ou de l'insuffisance de la loi, pourra être poursuivi comme coupable de déni de justice ».

[101] J. Joly-Hurard, *Conciliation et médiation judiciaires, op. cit.*, p. 159.

[102] C. pr. civ., art. 1, *précité.*

[103] V. le rapport réalisé sur le *Projet de loi de programmation 2018-2022 et de réforme pour la justice* (n°11 Tome I – 2018/2019) réalisé par F.-N. Buffet et Y. Détraigne au nom de la commission des lois, datant du 3 oct. 2018, spéc. p. 5, www.senat.fr (consulté le 10 juin 2019). V. également *Annexe n°1.*

Elle est notamment matérialisée par la demande des parties du retrait du rôle de leur affaire[104], demande s'imposant au juge[105]. Ce retrait du rôle laisse subsister l'instance, le cadre judiciaire n'ayant alors qu'un effet suspensif. L'affaire, objet du litige, n'est dans ce cas pas totalement extraite d'un cadre judiciaire, c'est seulement sa tentative de règlement qui est temporairement *externalisée.* Cette forme de conciliation initiée par les *parties,* et non par des « justiciables », n'est ainsi qu'à demi-judiciaire : elle trouve son origine dans un cadre judiciaire mais son déroulement relève de l'extrajudiciaire. Elle ne répond qu'à l'un des critères de définition de la conciliation judiciaire, son contexte originellement judiciaire, mais s'affranchit d'un fonctionnement sous l'égide du juge.

L'initiative des parties d'une conciliation extrajudiciaire au cœur du procès civil constitue bien la preuve que le passage de *l'extrajudiciaire* au *judiciaire* ne détermine pas irrémédiablement la nature judiciaire de la conciliation. Le cadre judiciaire dans lequel s'inscrit l'initiative d'une conciliation ne suffit pas à déterminer sa nature. Les parties ne sont pas cloisonnées par le cadre de l'instance : elles peuvent choisir de sortir, au moins temporairement, du cadre judiciaire, en empruntant la voie de l'amiable extrajudiciaire.

§ 2 – La conciliation « parajudiciaire »

La conciliation judiciaire *directe,* menée par le juge, s'est très rapidement transformée en *désillusion,* en raison notamment du manque de temps des juges[106]. Comme évoqué en *Introduction*

---

[104] Le retrait du rôle est une création du D. n°98-1231 du 28 déc. 1998 modifiant le code l'organisation judiciaire et le nouveau code de procédure civile ; C. pr. civ., art. 382 : « Le retrait du rôle est ordonné lorsque toutes les parties en font la demande écrite et motivée. »

[105] Cass. ass. Plén., 24 nov. 1989, n°88-18.188, RTD civ. 1990. 145, obs. Perrot.

[106] G. Bolard, « De la déception à l'espoir : la conciliation », *in Mélanges offert à P. Hébraud,* Publié par l'Université des sciences sociales de Toulouse, 1981, p. 47s.

de ce mémoire, la conciliation judiciaire déléguée, menée par le conciliateur de justice sur délégation du juge, a été créée par une loi de 1995[107] pour pallier cette insuffisance.

Pour éviter de faire de cette conciliation déléguée une conciliation « infra judiciaire »[108], le législateur a pris soin de l'intégrer, ainsi que la personne du conciliateur de justice, au plus près de l'institution judiciaire. Ce mouvement d'intégration a donné naissance davantage à une conciliation judiciarisée[109] ou « parajudiciaire », plutôt qu'à une conciliation originellement judiciaire, et ce pour deux raisons. D'une part, car l'institution de la conciliation déléguée a pour origine un *acte de délégation* initié par le juge (A) ; et d'autre part car le statut du conciliateur de justice révèle des signes de judiciarisation semblables à la fonction des magistrats (B). Ainsi, même si la conciliation judiciaire déléguée s'inscrit dans le cadre d'une instance, elle peut s'en détacher et constituer une « annexe judiciaire ».

---

[107] L. n°95-125 du 8 fév. 1995 relative à l'organisation des juridictions et à la procédure civile, pénale et administrative. Sur les dispositions communes à toutes les juridictions civiles en matière de conciliation déléguée : V. les art. 129-2 à 129-6 du C. pr. civ.

[108] Ichiro Kitamura explique qu'au Japon, les tribunaux réalisent deux types de conciliation : la conciliation judiciaire classique directe (*wakaï*) et la conciliation qu'ils nomment « infra-judiciaire » (*chôtei*). Cette dernière est une sorte d'amiable composition faite par deux assesseurs non juristes sous contrôle d'un magistrat du siège. V. I. Kitamura, « Audience de débats et de conciliation ? (Genèse et transformations possibles d'une pratique japonaise) », *in Nouveaux juges, nouveaux pouvoirs ? Mélanges R. Perrot*, Dalloz, 1996, p. 195-196.

[109] La conciliation déléguée est judiciarisée en ce qu'elle traduit « une transformation d'un organisme en rouage de la justice, plus précisément de son intégration dans l'appareil judiciaire ». V. « Judiciarisation / Déjudiciarisation », *in Dictionnaire de la Justice,* L. Cadiet (dir.), *op. cit.,* p. 674s.

A – La mission de concilier déléguée par le juge

La conciliation déléguée n'intéresse pas toutes les matières et toutes les juridictions de première instance. Le juge ne peut déléguer librement sa mission de conciliation : une disposition particulière doit le lui permettre[110]. Serait-ce un prétexte pour maintenir *a minima* la viabilité de la mission conciliatoire du juge de l'article 21 du Code de procédure civile ? Ou bien le signe d'une insuffisance inavouée des conciliateurs de justice pour traiter toutes les affaires en matière de conciliation judiciaire ? Quoi qu'il en soit, ni le tribunal de grande instance, ni le juge aux affaires familiales[111] intervenant en matière de divorce et séparation de corps ne peuvent déléguer leur mission de conciliation.

Dans le cas où la conciliation est délégable et a été déléguée, se pose la question de la provenance des pouvoirs dont dispose le conciliateur de justice pour mener sa mission de conciliation (1). Dans tous les cas, la conciliation déléguée garde un pied dans la sphère judiciaire, par le biais d'un contrôle du juge (2).

1 – Origine des pouvoirs du conciliateur de justice

En vertu de quel fondement le conciliateur de justice tient-il ses pouvoirs en matière de conciliation judiciaire ? Le juge délègue-t-il réellement ses pouvoirs au conciliateur de justice ?

L'expression de « *conciliation déléguée à un conciliateur de justice* » utilisée par le Code de procédure civile porte à confusion quant à l'objet et au contenu de cette délégation. Dans

---

[110] C. pr. civ., art. 129-2. Ni la loi J21 du 18 nov. 2016, ni la loi de programmation 2018-2022 n'ont entendu « généraliser » cette faculté de délégation.

[111] Le JAF « a pour mission de tenter de concilier les parties » en matière de divorce et de séparation de corps (C. pr. civ., art. 1071, al. 1). Son office se caractérise d'ailleurs par une primauté de la mission conciliationnelle sur sa mission juridictionnelle de l'article 12. Il est donc dans l'impossibilité de désigner une tierce personne pour procéder à sa place à la tentative de conciliation préliminaire.

le langage courant, le terme « délégation » implique de « confier une responsabilité à un collaborateur ; charger une autre autorité d'exercer ses pouvoirs à sa place »[112]. Plus spécifiquement, la délégation de pouvoir, ou de compétence, traduit un transfert de pouvoirs d'une autorité à l'autre, entrainant le dessaisissement de l'autorité délégante[113].

En matière de conciliation judiciaire, la *délégation* renvoie non pas à une transmission de pouvoirs du juge au conciliateur de justice mais à une aliénation de la mission conciliatoire du juge[114]. Le conciliateur de justice est alors chargé « d'accomplir quelque chose à la place du juge » sans que ne soit opéré un transfert de pouvoirs conciliationnels.

Chargé d'une telle mission, le conciliateur de justice tient ses pouvoirs de textes légaux, dont l'effectivité et la praticabilité est déclenchée par la décision de délégation du juge[115]. C'est parce que le juge a décidé de déléguer sa mission de conciliation que les articles 129-2 et suivants du Code de procédure civile, instituant les pouvoirs du conciliateur de justice, pourront être mis à exécution. Les pouvoirs inhérents à la conciliation sont ainsi *dédoublés* du fait de cette délégation. Dès lors, la conciliation menée par un conciliateur de justice ne prend pas racine dans l'article 21 du Code de procédure civile mais dans la *décision de délégation* de cette mission de conciliation. Cette différence de « fondement » fait de la conciliation déléguée une conciliation judiciaire « par ricochet » ; donc « parajudiciaire ».

---

[112] Dictionnaire Larousse, v. « Déléguer ».

[113] V « Délégation de pouvoir », *in* S. Guinchard (dir.), *Lexique des termes juridiques*, Dalloz, 23e éd., 2015-2016, p. 341.

[114] Il n'est jamais fait référence à une « délégation de pouvoirs », mais toujours à une délégation de la mission de conciliation du juge. C. pr. civ. : art. 129-1 : « Lorsque le juge, en vertu d'une disposition particulière, délègue *sa mission de conciliation* [...] » ; art. 129-4 : « Le conciliateur de justice tient le juge informé des difficultés qu'il rencontre dans l'accomplissement de sa *mission* ».

[115] L'absence d'une telle transmission de pouvoirs explique d'ailleurs que cette décision ne soit tributaire d'aucune exigence de forme. L'absence de solennité permet au juge de déléguer cette mission à tout moment de l'instance, au cours de l'audience, par mention au dossier ou dans les notes d'audience. ; V. C. pr. civ., art. 129-2s.

Pour preuve, la nature « parajudiciaire » de la conciliation déléguée explique les dissemblances entre les pouvoirs du juge et ceux du conciliateur de justice en matière de conciliation. Une délégation de pouvoirs au conciliateur de justice accorderait à ce dernier les mêmes prérogatives que celles dont aurait bénéficié le juge s'il avait mené lui-même la tentative de conciliation. Or, des dissimilitudes peuvent être observées. Le choix *discrétionnaire* du lieu et temps de la conciliation est quasiment similaire pour ces deux tiers conciliateurs[116]. Pour le reste, *les pouvoirs d'instruction*[117] légalement accordés au conciliateur de justice se calquent sur les pouvoirs du juge avec toutefois moins d'impérativité. Pour exemples, le conciliateur de justice peut se transporter sur les lieux avec l'accord des parties[118] : vérifications personnelles[119] que le juge a le pouvoir de réaliser souverainement. Tout comme l'audition inconditionnelle des tiers[120], contrairement au conciliateur de justice qui doit obtenir leur accord[121]. Enfin et surtout, le Code de procédure civile lui permet de rédiger un constat d'accord de conciliation, et non un procès-verbal[122].

---

[116] Le juge peut décider que la conciliation sera tentée *au lieu et au moment* qu'il *estime favorables* (C. pr. civ., art. 129) ; Le conciliateur de justice, *pour procéder à la tentative de conciliation*, convoque les parties *aux lieu, jour et heure qu'il détermine* (C. pr. civ., art. 129-3, al. 1).

[117] Pour reprendre les termes donnés par A. Audrerie, *Médiation et conciliation : quelle distinction en matière juridique ? Contribution à l'étude des modes alternatifs de règlement des conflits en droit social,* Mémoire de recherche, L. Casaux-Labrunée (dir.), Master 2 Droit du travail et de l'emploi, Université Toulouse 1 Capitole, 2015, p. 48.

[118] C. pr. civ., art. 129-4 al. 1 : « Le conciliateur de justice peut, avec l'accord des parties, se rendre sur les lieux [...] ».

[119] C. pr. civ., art. 179 à 183.

[120] C. pr. civ., art. 204 à 221.

[121] C. pr. civ., art. 129-4 al. 1 : « Le conciliateur de justice peut [...] entendre toute personne dont l'audition lui paraît utile, sous réserve de l'acceptation de celle-ci ».

[122] C. pr. civ., art.130.

2 – Contrôle judiciaire de l'activité de conciliation

Le conciliateur de justice menant la conciliation « à la place du juge » n'en devient pas pour autant un mandataire indépendant[123]. Il conserve des liens avec le juge délégant qui l'a désigné et sous l'égide duquel il va accomplir sa mission[124]. Quand il délègue sa mission de conciliation, le juge perd alors son rôle de tiers conciliateur mais devient plutôt un garant de la procédure, jusqu'à fixer les modalités de celle-ci[125]. Rappelons en effet que l'article 3 du Code de procédure civile préconise au juge de « veille(r) au bon déroulement de l'instance »[126]. S'inscrivant dans ce cadre judiciaire, la conciliation déléguée se déroule à l'ombre du juge qui en donne l'impulsion procédurale.

Sur ce fondement, le juge environne cette conciliation déléguée en ce qu'il fixe la durée de la mission du conciliateur[127], en se gardant la possibilité de pouvoir y mettre fin à tout moment[128]. La notion de temps est au cœur du procès civil, même en matière de conciliation[129]. Plus en retrait, le juge bénéficie d'un droit de regard sur le déroulement de la conciliation déléguée. Cela explique qu'il soit tenu informé par le conciliateur

---

123 Comme c'est le cas en matière de conciliation extrajudiciaire ; le conciliateur de justice n'étant pas tenu de rendre compte de sa mission au juge.

124 J. Joly-Hurard, *Conciliation et médiation judiciaires, op. cit.,* p. 349.

125 A. Audrerie, *op. cit.,* p. 113.

126 C. pr. civ., art. 3 : « Le juge veille au bon déroulement de l'instance ; il a le pouvoir d'impartir les délais et d'ordonner les mesures nécessaires ».

127 V. C. pr. civ., art. 129-2. D'un plafond fixé à deux mois, la durée de cette mission est désormais de maximum six mois (trois mois, renouvelable une fois), depuis le D. n°2016-514 du 16 avr. 2016. Il est à noter que cet encadrement temporel peut devenir une *pression* pour les parties, qui auraient peut-être besoin d'un délai de réflexion plus long, sans « délai butoir juridictionnel ».

128 À la demande d'une partie, à l'initiative du conciliateur, ou d'office, lorsque son bon déroulement apparaît compromis (C. pr. civ., art. 129-5, al. 2).

129 Y. Strickler et M. Foulon, « Conciliation et procédures orales », HAL archives ouvertes, 17 juin 2011, p. 3, www.archives-ouvertes.fr

de justice des difficultés qu'il rencontre dans l'exercice de sa mission[130].

L'encadrement judiciaire effectué par le juge sur l'activité de conciliation du conciliateur de justice lui confère ainsi un caractère *judiciarisé.* Par ce règlement amiable, le litige ne sort qu'en partie du palais de justice, le juge gardant toujours un œil sur la procédure. Dans l'esprit davantage gestionnaire des MARD, la délégation de la mission de conciliation à un conciliateur de justice contribue partiellement au phénomène de « désengorgement des tribunaux »[131].

B – Le conciliateur de justice, acteur institutionnel

Le conciliateur de justice, personnalité « parapublique »[132] tire sa légitimité de son attache sans cesse renforcée auprès des juridictions civiles.

Intervenant dans le cadre du service public de la justice (principe de gratuité d'accès), le conciliateur de justice exerce ses fonctions bénévolement[133], que ce soit dans ou hors cadre judiciaire[134]. Plusieurs autres éléments témoignent d'une volonté d'insertion de la conciliation déléguée au sein de l'institution judiciaire civile.

---

[130] C. pr. civ., art. 129-5 al.1.

[131] Le doyen Cornu qualifiait ce mouvement de délégation d'« expédiant juridictionnel, de diminutif auxiliaire, de mode alternatif interne ». V. G. Cornu, « Les modes alternatifs de règlement des conflits », *op. cit.,* spéc. p. 322-323

[132] J. Joly-Hurard, *Conciliation et médiation judiciaires, op. cit.,* p. 303.

[133] COJ, art. R. 131-12 : « Les conciliateurs de justice ont pour mission, *à titre bénévole*, de recherche le règlement amiable d'un différend. » Et art. 1er, al. 3, du D. n°78-381 du 20 mars 1978 relatif aux conciliateurs de justice : « Les fonctions de conciliateur de justice sont exercées *à titre bénévole* ».

[134] Sur l'opportunité de sectoriser la fonction des conciliateurs de justice intervenant *dans* ou *hors* cadre judiciaire, v. infra, Partie II, Ch.2, Sect. 2, §1 A.

Le changement de dénomination des conciliateurs intervenu en 1996[135], devenus conciliateurs « *de justice* » a sans doute été le premier pas d'un rapprochement avec les juges professionnels. La conciliation judiciaire déléguée est depuis « judiciairement institutionnalisée » : les conciliateurs de justice sont élus puis nommés par ordonnance des Premiers présidents de cour d'appel[136] et rattachés au tribunal d'instance[137]. Le lien entre conciliation déléguée et institution judicaire est également matérialisé par la création d'un conseiller, désigné par le Premier président de chaque cour d'appel, chargé de suivre et coordonner l'activité des conciliateurs délégataires[138]. Un rapport annuel de cette activité est ensuite communiqué au Garde des Sceaux, faisant office de compte rendu avec ces partenaires institutionnels.

La judiciarisation de nombreux aspects de leur fonction[139] contribue à maintenir une certaine ambiguïté de leur statut, entre médiateur extrajudiciaire, mais toujours au plus près du juge judiciaire. Dans le but d'asseoir la confiance des justiciables sur la nature *judiciaire* ou *parajudiciaire* de cette conciliation déléguée, les garanties inhérentes à la personne du conciliateur de justice se rapprochent de celles attendues de la personne du juge. À la lumière du *Recueil des obligations déontologiques des*

---

[135] Art. 1er du D. n°96-1091 du 13 déc. 1996 modifiant le décret n°78-381du 20 mars 1978 relatif aux conciliateurs.

[136] Sur proposition du juge d'instance, après avis du procureur général. (v. art. 3, D n°78-381du 20 mars 1978 relatif aux conciliateurs). Pour certains auteurs, conférer au juge d'instance ce pouvoir de « proposition » de désignation des conciliateurs de justice traduit *une volonté de développement de leur partenariat*. V. Ph. Boulisset, Ch. Couchet, E. Moutet (part.), *Guide de la conciliation,* éd. Edilaix, 2011, p. 51s.

[137] Compétence territoriale du conciliateur de justice : se référer à l'art. 4 du D. n°78-381du 20 mars 1978 relatif aux conciliateurs.

[138] COJ, art. R. 312-13-1.

[139] V. Rapport remis à la garde des Sceaux sur « Le juge du XXIe siècle, un citoyen acteur, une équipe de justice », P. Delmas-Goyon (dir.), décembre 2013, p. 60s.

magistrats[140], le conciliateur de justice met un point d'honneur à respecter les sept devoirs attachés à sa fonction, ceux précisément décrits dans la charte déontologique[141]. À l'instar des juges professionnels, les conciliateurs de justice, qu'ils interviennent hors ou dans un cadre judiciaire, s'engagent à respecter ces principes fondamentaux à l'occasion d'un serment mettant notamment en exergue les qualités d'exactitude et de probité[142].

Ces « attributs judiciarisés » évoquent une certaine ressemblance entre conciliation judiciaire directe et conciliation judiciaire déléguée. Son fonctionnement ne permet pas pour autant d'affirmer qu'elle est une portion de la conciliation judiciaire. Seule la restauration du statut des conciliateurs de justice semble pouvoir sceller la nature judiciaire de cette conciliation déléguée[143].

---

[140] V. *Recueil des obligations déontologiques des magistrats,* établi par le Conseil supérieur de la magistrature, Dalloz, 2010.

[141] Devoirs de probité, d'indépendance, d'impartialité, de neutralité, de confidentialité ; obligations de diligence et de réserve. V. Fédération des associations de conciliateurs de justice de France, « Règlement amiable des litiges. La conciliation désormais incontournable », La charte déontologique du conciliateur de justice, p. 7, sur www.conciliateurs.fr

[142] Art. 8 al. 2 du D. n°78-381 du 20 mars 1978 instituant les conciliateurs de justice et leur imposant de respecter les devoirs de loyauté et de probité : « Lors de sa première nomination aux fonctions de conciliateurs de justice, celui-ci prête devant la cour d'appel le serment suivant : "Je jure de loyalement remplir mes fonctions avec exactitude et probité et d'observer en tout les devoirs qu'elles m'imposent" ».

[143] V. infra, Partie II, Ch. 2, Sect. 2, §1.

Chapitre 2
Le rôle du juge en matière de conciliation

La présence du juge au cours du mode opératoire de la conciliation judiciaire est une certitude. Quel serait sinon l'intérêt d'une distinction avec la conciliation extrajudiciaire, hormis de dire que l'une et l'autre sont menées dans deux cadres différents ? C'est parce qu'il existe un procès civil qu'au titre de l'article 21 du Code de procédure civile le juge se voit chargé d'une mission de *conciliation des parties*.

Les éléments de définition proposés par le professeur Cadiet évoquent précisément une « mise en œuvre » de la conciliation par le juge. Ce terme pourrait laisser sous-entendre que le juge, en plus d'en être à l'origine, mène de lui-même la conciliation. Or tel n'est pas nécessairement le cas, du fait de la possibilité d'une délégation à un conciliateur de justice ; dès lors le terme d'*« intervention »* du juge est sans doute plus approprié.

Au sein du procès civil, l'intervention conciliationnelle du juge ne se traduit pas nécessairement au cœur du déroulement de la conciliation judiciaire. Son office conciliationnel est davantage accompli en périphéries du processus de conciliation, en amont comme en aval (sect. 1). À tel point que la mission de conciliation du juge est parfois transférée hors du cadre judiciaire, du fait d'un développement exponentiel de l'amiable extrajudiciaire, dont il en devient par ailleurs comme un « filet de sécurité » (sect. 2).

Section 1 – L'encadrement de la conciliation judiciaire par le juge

L'article 127 du Code de procédure civile donne pouvoir au juge d'initier une tentative de conciliation *tout au long de l'instance.* Cette faculté n'est toutefois pas synonyme d'une mise en œuvre systématisée d'une conciliation par le juge. La tentative de conciliation peut ne pas avoir lieu parce que se heurtant au refus catégorique des parties ; ou bien être menée non pas par le juge, mais par un conciliateur de justice, sur délégation. On peut alors légitimement s'interroger sur la capacité réelle d'« impulsion » conciliationnelle du juge au cœur des juridictions civiles.

Normalement intemporelle, la conciliation judiciaire subit l'influence de l'architecture du procès civil : elle est « procéduralisée »[144]. L'intervention du juge en matière de conciliation est plus flagrante aux extrémités du procès civil qu'au sein de son déroulement. En amont, la phase introductive du procès civil que constituent les *préliminaires de conciliation* fait du juge l'exécutant d'une étape légale processuelle (§ 1). En aval, l'homologation de l'accord clôture la conciliation, le juge supervisant *a posteriori* sa bonne et due forme (§ 2).

§ 1 – En amont : préliminaires de conciliation

Comment interpréter l'expression « préliminaire de conciliation » ? En matière de conciliation, une distinction claire doit être opérée entre les termes « préalable » et « préliminaire », souvent considérés comme synonymes.

Le préalable[145] de conciliation est *antérieur* en ce qu'il précède l'ouverture de l'instance, avant même que l'action en

---

[144] L. Cadiet et T. Clay, *Les modes alternatifs de règlement des conflits, op. cit.,* p. 114s.

[145] Dictionnaire Larousse, v. « préalable » : ce terme fait référence à quelque chose qui précède, qui se réalise avant une autre chose.

justice ne soit exercée. Le préalable de conciliation intervient avant l'entrée du *conflit* dans un cadre judiciaire.

Différemment, la notion de « préliminaire » qui suggère *un commencement, un acte préparatoire*[146], se situe déjà dans un cadre judiciaire, puisqu'introductive et préparatoire. Inscrit dans le cadre du procès civil, le préliminaire de conciliation relève ainsi de la mission conciliationnelle du juge, contrairement au préalable de conciliation extrajudiciaire relevant en principe de la compétence du conciliateur de justice.

Ces préliminaires de conciliation organisés au seuil de l'instance deviennent des passages formels protéiformes, instituant le juge chargé de la conciliation en « *juge du provisoire* » (A). Cette introduction conciliationnelle s'impose aux parties, mais aussi – et on aurait tendance à l'oublier – au juge. Sa mission conciliationnelle conférée par l'article 21 du Code de procédure civile, à la fois *droit* et *devoir*, est alors moins un pouvoir qu'une réponse à un impératif légal (B).

A – Classification des préliminaires de conciliation

De manière non exhaustive, et pour davantage de clarté, les préliminaires de conciliation seront présentés selon une classification duale. Par définition, tous sont judiciaires, puisqu'intégrés au procès civil. Leur lien avec l'instance contentieuse n'est cependant pas uniforme. Tandis que certains y sont intégrés (1), d'autres préliminaires de conciliation, bien que judiciaires, précèdent l'instance contentieuse (2). À cette bicatégorisation, s'ajoute d'autres préliminaires de conciliation singuliers, tel que celui mené devant le tribunal d'instance, qui peut entrer dans l'une ou l'autre rubrique, au choix du demandeur (3)[147].

---

[146] Dictionnaire Larousse, v. « préliminaire » : défini comme quelque chose qui précède, mais aussi comme ce qui « prépare un acte plus important ».

[147] Sur cette classification des préliminaires de conciliation, v. *Annexe n°2*.

1 – Les préliminaires de conciliation intégrés à l'instance contentieuse

Ce type de préliminaires de conciliation est lié à l'instance contentieuse en ce que le juge est déjà saisi de l'affaire sans qu'il soit nécessaire de le saisir de nouveau pour l'éventuel traitement contentieux de l'affaire ; de telle sorte que la phase conciliationnelle n'est pas autonome vis-à-vis de la phase contentieuse mais en constitue seulement une fraction à laquelle elle est liée. Intégrée à la phase contentieuse, la conciliation judiciaire perd tout son sens : alors qu'elle devrait constituer une alternative à la phase contentieuse du judiciaire, elle n'en est qu'une phase purement formelle.

Le préliminaire de conciliation devant le tribunal paritaire des baux ruraux[148] est ainsi une formalité indispensable à la procédure, dont le non-respect serait sanctionné par une fin de non-recevoir[149]. A défaut de conciliation, l'affaire est directement renvoyée à une audience à fin de jugement[150], sans que les parties n'aient à engager de nouvelle procédure contentieuse. Devant le Conseil de Prud'hommes, la conciliation, telle que présentée par le Code du travail[151], devrait être le mode « normal » de règlement des litiges. Il faudrait parler d'« accessoirisation » de l'instance contentieuse à la conciliation, et non l'inverse. Pourtant tel n'est pas le cas aujourd'hui, dans la mesure où la conciliation est présentée comme intégrée à l'instance contentieuse, dont elle constitue la première phase obligatoire[152]. Phase de conciliation et phase contentieuse sont liées dès la saisine du Conseil de prud'hommes[153]. Le bureau de conciliation et d'orientation,

---

[148] V. art. 880s. du C. pr. civ. Curieusement, l'art. 882 opère un renvoi à la procédure applicable devant le tribunal d'instance, alors même que le préliminaire de conciliation y est facultatif.

[149] Cass. civ. 3e, 15 fév. 1978, Bull. III., n°84, p. 64.

[150] C. pr. civ., art. 888, al. 1.

[151] C. trav., art. L. 1411-1 al 1.

[152] Sauf exceptions, le préliminaire de conciliation prud'homale est une formalité d'ordre public (C. trav., L. 1411-1 et R. 1454-10).

[153] En l'absence de comparution d'une partie, ces deux phases – conciliation et jugement – peuvent même se confondre. Dans certaines

d'abord chargé de « concilier les parties », doit, à défaut, « orienter l'affaire vers la formation de jugement la plus adaptée »[154]. L'échec de la tentative de conciliation conduit donc directement au jugement de l'affaire, sans que les parties n'aient à former de demande en ce sens. En outre, le préliminaire de conciliation est aujourd'hui davantage une « phase de non-conciliation », puisque le taux de conciliation devant le bureau de conciliation et d'orientation s'élève environ à 5,6%[155]. Couramment dénoncée comme une source de lenteur[156], la vertu conciliationnelle de ce préliminaire est davantage une « étape de purification » des zones d'ombres conflictuelles. Moins qu'un « juge conciliationnel », le bureau de conciliation et d'orientation est davantage un juge du provisoire ; chargé de prononcer des mesures permettant de conserver temporairement les droits des parties[157].

2 – Les préliminaires de conciliation hors phase contentieuse

Le préliminaire de conciliation hors phase contentieuse est à la fois judiciaire, sans pour autant être intégré à l'instance contentieuse. Il se trouve en quelque sorte à mi-chemin entre le

---

hypothèses, les conseillers composant le bureau de conciliation et d'orientation ont vocation à juger l'affaire sur le champ (C. trav., art. L. 1454-1-3).

[154] V. C. trav., art. L. 1454-1 et L. 1454-1-1.

[155] F. Mehrez, « Les affaires aux prud'hommes ont chuté de 15% en 2017 », *Dalloz actualité, Social*, 8 juin 2018.

[156] À titre d'exemple V. B. Holleaux, « Médiation prud'homale : renouveau de l'office du juge – Première partie », *Semaine sociale Lamy* n°1538, 14 mai 2012. V. aussi : S. Amrani-Mekki, Y. Strickler, *Procédure civile,* PUF, 2014, p. 294.

[157] Lorsque qu'en cas d'échec de la conciliation, l'affaire est renvoyée à la composition de jugement, le bureau de conciliation et d'orientation peut adopter toutes les mesures provisoires de l'art. R. 1454-14 du C. trav. (délivrance de certificat de travail, versement d'une provision, mesures d'instruction etc.).

préalable extrajudiciaire de conciliation et le *préliminaire de conciliation intégré à la phase contentieuse.*

Pour exemple, il peut être fait référence ici à la conciliation en matière de procédure de divorce[158], et de séparation de corps[159]. L'article 252-1 du Code civil organise la procédure de divorce en deux temps successifs : une phase de tentative de conciliation, débutant avec une requête en divorce et la phase de divorce proprement dite, débutant avec l'assignation en divorce[160].

La phase de conciliation en matière de divorce s'inscrit ainsi dans le cadre d'un procès civil, en amont d'une instance contentieuse[161]. Bien qu'autonome, la tentative de conciliation, ou ce qu'on pourrait justement appeler la phase de « l'ordonnance de non-conciliation », ou l'« autorisation d'assigner en divorce », est moins une véritable tentative de conciliation qu'une condition *sine qua non* pour la saisine du juge à des fins contentieuses.

L'objet de la conciliation a en principe un effet extinctif : elle met un terme à un litige et à un conflit. Or, s'agissant de la conciliation en matière de divorce, il n'en est rien. Depuis l'instauration du Code civil de 2004, le juge n'est plus tenu de « réconcilier » les époux, d'essayer de parvenir à les faire renoncer au divorce[162]. Le rôle conciliateur du juge est celui de

---

[158] Évidemment, autres que les divorces par consentement mutuel.

[159] L'art. 298 du C. civ. relatif à la séparation de corps opère un renvoi aux dispositions relatives à la procédure de divorce.

[160] Suite l'échec de la conciliation, les parties devaient assigner en divorce. Au cours des trois premiers mois, seul l'auteur de la requête en divorce pouvait délivrer l'assignation. Les vingt-sept mois suivant, les époux pouvaient agir indifféremment. À défaut d'assignation dans ce délai de trente mois, les mesures provisoires et l'autorisation d'assigner en divorce étaient caduques.

[161] Sur la différence entre « procès civil » et « instance », v. « procès » *in* L. Cadiet (dir.), *Dictionnaire de la Justice*, *op. cit.*, p. 1081s.

[162] L'ancien art. 252-2 qui disposait que « lorsqu'il ne parvient pas à les faire renoncer au divorce, le juge essaye d'amener les époux à en régler les conséquences de l'amiable » avait été modifié : « lorsque le juge constate que le demandeur maintient sa demande, il incite les époux à

tenter de mettre d'accord les époux sur le principe du divorce et certaines de ses conséquences, notamment celles concernant les enfants et le logement familial, dans l'attente du règlement réalisé par la procédure contentieuse. La conciliation menée par le juge aux affaires familiales, qui n'en est pas vraiment une, est une forme de « phase d'attente précontentieuse », alors qu'elle devrait normalement en être l'alternative.

En supprimant la phase préliminaire de conciliation en matière de divorce[163], la loi de programmation 2018-2022 semble avoir pris conscience de cette dénomination indûment conférée à une étape procédurale, qui n'avait plus rien d'une conciliation judiciaire. Somme toute, cette évolution législative traduit davantage une modification dénominative plutôt qu'une réelle suppression de cette phase précontentieuse[164].

3 – Le préliminaire de conciliation « inclassable »

Le préliminaire facultatif[165] de conciliation devant le tribunal d'instance n'est prédéterminé, ni à être lié à la phase contentieuse, ni à être autonome[166]. Son affectation à l'une ou l'autre de ces rubriques dépend de l'itinéraire procédural choisi par le demandeur. L'article 829 du Code de procédure civile lui laisse à cet égard le choix de la forme de sa demande en justice : « La demande en justice est formée par assignation à fin de

---

régler les conséquences du divorce à l'amiable » (V. C. civ., art. 252-3).

[163] Suppression du préliminaire de conciliation en matière de divorce par l'art. 22 de la L. n°2019-222 du 23 mars 2019 de programmation 2018-2022 et de réforme pour la justice. Depuis, la nouvelle version de l'art. 252 du C. civ. ne fait plus référence à une tentative de conciliation judiciaire des époux.

[164] En début de procédure, le JAF devra tout de même prendre des mesures nécessaires pour organiser *temporairement* la vie des époux, et celle de leurs enfants, durant l'instance de divorce.

[165] Le préliminaire de conciliation est une faculté offerte au demandeur, sans que le juge ne puisse lui imposer.

[166] V. *Annexe n°2.*

conciliation et, à défaut, de jugement, sauf la faculté pour le demandeur de provoquer une tentative de conciliation ».

La première fraction de cette disposition, l'assignation à *toutes fins,* renvoie à un préliminaire de conciliation lié à l'instance contentieuse. Lorsque le juge est saisi *à toutes fins*[167] par l'assignation du demandeur, il lui est enjoint de « s'efforcer de concilier les parties » [168], tout au long de l'instance, y compris au début de l'audience. Cette recherche de conciliation par le juge d'instance, bien que non véritablement « processualisée » et pour le moins expéditive, est une phase de l'instance contentieuse, puisque ce n'est qu'« à défaut de conciliation constatée à l'audience » que l'examen du litige sera poursuivi au fond[169]. Conciliation et jugement cohabitent donc au cours d'une audience unique à connotation contentieuse.

La seconde fraction de l'article 829 du Code de procédure civile renvoie à un préliminaire[170] de conciliation autonome à l'égard de l'instance contentieuse. Il y est précisé que la demande peut être formulée qu'à seule fin de *tentative de conciliation*[171]. L'instance n'a alors d'autre finalité pour le juge que de tenter de concilier les parties. L'échec total ou partiel de celle-ci épuise la saisine du juge, sauf si les parties consentent à ce que l'affaire soit jugée immédiatement[172]. Le demandeur devra alors, s'il veut se rediriger vers la voie contentieuse, saisir la juridiction aux fins

---

[167] Conformément aux dispositions de l'art. 829 du C. pr. civ. : « assignation à fin de conciliation et, à défaut, de jugement ».

[168] C. pr. civ., art. 845, al. 1.

[169] C. pr. civ., art. 847 : à défaut de conciliation, le juge pourra immédiatement juger l'affaire, si elle est en état d'être jugée.

[170] Il est à noter que, conformément à la distinction présentée précédemment entre les termes « préalable » et « préliminaire », l'intitulé du Chapitre premier « La tentative préalable de conciliation » devrait s'intituler « La tentative préliminaire de conciliation », puisqu'organisée par l'institution judiciaire et menée sous l'égide du juge.

[171] C. pr. civ., art. 830, al. 1 : « La demande aux fins de tentative préalable de conciliation est formée par déclaration faite, remise ou adressée au greffe ».

[172] C. pr. civ., art. 835, al 1. Cette disposition questionne l'impartialité du juge : v. infra, Partie II, Ch. 2, Sect. 1, §2, B.

de jugement[173]. L'instance conciliationnelle laissera place à une nouvelle instance contentieuse. Cette *désunion procédurale* est une idée pertinente en ce que la phase contentieuse ne constitue pas le « prolongement logique » du conciliationnel. Un passage simplifié entre ces deux modes de règlement la rendrait pour autant davantage attractive[174].

La tentative préalable de conciliation devant le Tribunal d'instance s'apparente à un devoir plus qu'à un pouvoir du juge ; ce devoir étant dicté par la volonté du demandeur, outre les préliminaires légaux qui lui sont imposés par le code.

B – La mission de conciliation, un devoir du juge

L'article 21 du Code de procédure civile sacralise la *mission* conciliationnelle du juge, sans préciser ce que recouvre ce terme équivoque de « mission ».

En langage courant, une *mission* s'entend comme la « *charge* d'accomplir une tâche définie »[175], le terme de « charge » renvoyant lui-même à l'idée « d'un devoir impérieux ». Or, l'office conciliationnel n'est pas seulement un devoir : il est aussi un pouvoir conféré par la loi au juge[176]. La preuve en est que le juge initie discrétionnairement une conciliation « *au lieu et au moment* » qu'il estime « *favorables* »[177]. Cependant, nous savons que cette initiative relève davantage d'une convenance temporelle que d'un pouvoir souverain du juge, tributaire de l'assentiment des parties.

Cette « subdivision de l'office conciliationnel »[178] du juge, *office obligatoire* et *office facultatif,* devrait s'entendre tout au

---

[173] Selon les formes prévues à l'art. 836, al. 1 du C. pr. civ.

[174] Sur l'intérêt de passerelles simplifiées en lien avec le conciliationnel au cœur du procès civil, v. infra, Partie II, Ch. 2, §2.

[175] Dictionnaire Larousse, v. « mission ».

[176] P. Giraud, « L'office du juge dans la conciliation et la médiation judiciaires : à la (re)découverte d'un office pluriel », *op. cit.,* p. 85s.

[177] C. pr. civ., art. 129.

[178] A. Garapon, S. Perdriolle, B. Bernabé, *La Prudence et l'Autorité, Juges et procureurs du XXIe siècle, op. cit.,* p. 23 ; V. aussi : P. Giraud,

long de la procédure. En qualité de principe directeur du procès civil, la mission conciliationnelle du juge irrigue l'ensemble du cadre judiciaire. Pour reprendre les termes du doyen Cornu, la mission de conciliation du juge doit être « à la fois un pouvoir et un devoir sans que l'une ou l'autre des subdivisions ne soit liée à une phase de la procédure »[179]. Cette réflexion souligne *l'intemporalité*[180] des deux dimensions conciliatoires de l'office du juge.

Les préliminaires de conciliation opèrent cependant une disjonction temporelle entre devoir et pouvoir de conciliation du juge. Couramment dénoncés de « formalités imposées aux parties », ils sont aussi un outil permettant au législateur de contraindre le juge à exercer sa mission de conciliation. Ceux-ci viennent se greffer sur la conciliation initiée par le juge durant l'instance, « à moins que ce ne soit le contraire »[181]. Le *devoir conciliationnel* du juge semble en effet avoir pris les devants sur son *pouvoir conciliationnel.* Le pouvoir de conciliation est soustrait de la pratique, à raison, certes, du manque de temps des juges et des effectifs[182], mais aussi par les préliminaires de conciliation du juge qui ne font que le devancer. Certes, le juge conserve un pouvoir tout au long de l'instance, mais une fois le préliminaire de conciliation achevé, il sera superflu de renouveler l'expérience en cours d'instance. L'exercice de ce devoir de conciliation s'entend pourtant moins comme une solution du litige que comme une étape introductive de la phase contentieuse. Le devoir de conciliation étant érigé en étape processuelle du procès civil, et le pouvoir de conciliation conséquemment dépossédé de toute effectivité, l'ambition d'une

---

« L'office du juge dans la conciliation et la médiation judiciaires : à la (re)découverte d'un office pluriel », *op. cit.*, p. 87.

179 G. Cornu, « L'élaboration du Code de procédure civile », *op. cit.*, p. 254.

180 P. Giraud, « L'office du juge dans la conciliation et la médiation judiciaires : à la (re)découverte d'un office pluriel », *op. cit.*, p. 89.

181 P. Boulisset, C. Couchet, E. Moutet (part.), *Guide de la conciliation, op. cit.*, p. 27.

182 J. Joly-Hurard, *Conciliation et médiation judiciaires, op. cit.*, p.159s.

mission de conciliation du juge s'en trouve, pour ainsi dire, vidé de sa substance.

Le pouvoir de conciliation du juge n'a donc désormais de sens que devant les juridictions de première instance exemptes de préliminaires de conciliation, tels que le tribunal de commerce ou le tribunal de grande instance[183].

§ 2 – En aval : contrôle final de l'accord de conciliation

Comme il a été précédemment évoqué, la conciliation judiciaire ou « parajudiciaire », puisqu'elle peut être déléguée à conciliateur de justice, ne commande pas une intervention du juge lors de la discussion entre les parties. Le concours du juge « post accord de conciliation » suffit à honorer cette condition (1), ce qui pose la question de son rôle en matière conciliationnelle. Moins qu'un « faiseur » de paix sociale, comme semblait l'entendre le législateur en lui attribuant une mission conciliationnelle, il est davantage un « garant judiciaire » des droits des parties contre les risques de l'amiable. (2).

A – Intervention différée du juge

Comme en atteste l'article 21 du Code de procédure civile, le juge est le premier praticien de la conciliation judiciaire.

Dans le cas d'une conciliation judiciaire menée directement sous son autorité, le juge joue un rôle actif au sein des discussions entre les parties, intervient dans les tentatives de rapprochements et la recherche de points d'accord. Lors de la rédaction du procès-verbal de conciliation[184], il a en charge de vérifier que les parties sont *irrévocablement* parvenues à un accord, de telle sorte que le conflit soit définitivement réglé. L'avocat, s'il est présent lors de la conciliation, devrait ainsi être un gardien des droits des parties.

---

[183] L'art. 768 du C. pr. civ. prévoit seulement que « le juge de la mise en état peut constater la conciliation, même partielle des parties ».
[184] C. pr. civ., art. 130.

Lorsque la conciliation judiciaire a été déléguée au conciliateur de justice, le rôle du juge est différé et intervient postérieurement à l'*action de conciliation.* Il en résulte alors une redéfinition des rôles : pendant que le conciliateur de justice est à la barre de la conciliation, le juge devient « une sorte d'auxiliaire, une autorité de bon secours, discrète mais toujours disponible »[185]. Cette intervention du juge *a posteriori* de la signature de l'accord préfigure l'avenir « qui appelle un juge homologateur dont le rôle, déjà connu, est celui d'une relecture, d'un contrôle »[186], selon Jean-Yves Le Borgne.
Même si ce rôle n'est pas sans rappeler celui de « vérificateur » exercé en matière de conciliation extrajudiciaire, l'office de « juge-homologateur »[187] se démarque nettement de son office juridictionnel en vertu duquel il intervient *ab initio* pour trancher un litige[188].

B – Finalité du contrôle de l'accord de conciliation

Le juge est l'« assurance judiciaire » contre les risques de détournement de la *mise à l'écart du droit*[189]. Cette supervision se justifie en raison du contexte dans lequel se déroule la conciliation judiciaire : l'instance, dont il veille au bon déroulement[190]. Davantage qu'un véritable acteur placé au cœur du fonctionnement de la conciliation judiciaire, le juge est ainsi davantage un garant de sa « régularité ».

---

[185] J Normand, « Conclusions », *in* P. Ancel, et M.-C. Rivier (dir.), *op. cit*, p. 144.
[186] J.-Y. Le Borgne, *Changer la justice, op. cit.,* p. 124.
[187] J. Joly-Hurard, *Conciliation et médiation judiciaires, op. cit.,* p. 6.
[188] S. Amrani-Mekki, « Chantier de l'amiable : concevoir avant de construire », *in* C. Chanais et X. Lagarde (coord.), *Réformer la justice civile. Séminaire de droit processuel,* Actes du colloque du 6 fév. 2018, *La Semaine Juridique* n°13, 26 mars 2018. p. 69.
[189] Laquelle peut être dangereuse, pour reprendre les termes de S. Amrani-Mekki, « si elle est faite de manière impérative, automatique et sans nuances », *Ibid.,* p. 68.
[190] C. pr. civ., art. 3, *précité.*

La solution donnée au différend par les parties s'impose au juge, sans qu'il ne puisse en modifier le contenu. Pour autant, son intervention ne se résume pas à un simple enregistrement[191]. Madame Joly-Hurard explique qu'en raison de la double nature de l'accord de conciliation, contractuelle et judiciaire, il reste impossible d'ignorer totalement le cadre *processuel* dans lequel il s'inscrit[192]. Le juge joue un rôle actif en ce que, selon la Cour de cassation, il contrôle « la régularité formelle de l'accord, le respect de l'ordre public, et la préservation des droits des parties »[193]. Le juge s'assure notamment que l'amiable ne permette pas à une partie de profiter de l'état de faiblesse de l'autre pour obtenir un accord répondant à ses seuls intérêts[194]. L'égide du juge sur la conciliation judiciaire permet ainsi l'aboutissement amiable d'une solution équitable, « aussi respectueuse des droits fondamentaux des parties que le serait une procédure juridictionnelle »[195].

Ce rapprochement vers la garantie d'un procès équitable, indifféremment du mode de règlement choisi par les justiciables, confère à la conciliation judiciaire une certaine nature *processuelle*[196]. Il est néanmoins permis de douter qu'une telle protection soit suffisamment garantie par un simple contrôle *a posteriori* du juge. Bien plus en amont, elle nécessite certainement une (re)définition des rôles et une nouvelle articulation entre acteurs principaux de la conciliation judiciaire : avocats et magistrats[197].

---

[191] L. Casaux-Labrunée et J.-F. Roberge (dir.), *op. cit.,* p. 137s.

[192] J. Joly-Hurard, *Conciliation et médiation judiciaires, op. cit.* p. 307s.

[193] Cass. Soc., 18 juill. 2001, n°99-455.34.

[194] L. Cadiet, « Solution judiciaire et règlement amiable des litiges : de la contradiction à la conciliation », *in Le droit de l'entreprise dans ses relations externes à la fin du XXe siècle, op. cit.,* p. 123-125.

[195] J. Joly-Hurard, *Conciliation et médiation judiciaires, op. cit.,* p. 437s.

[196] B. Gorchs, « La médiation dans le procès civil : sens et contresens », *op. cit.,* p. 413.

[197] Sur cette collaboration conciliationnelle entre avocats et magistrats, v. *infra*, Partie II, Ch. 2, Sect. 2, §2, B.

Section 2 – Le rôle du juge en matière de conciliation extrajudiciaire

> « Voilà donc la mode à la conciliation extra-judiciaire. Alors pourquoi, au moment ou le nouveau Code de Procédure civile le rappelle dans son article 21 "qu'il entre dans la mission du juge de concilier les parties", vouloir multiplier ces voies extraordinaires, hors de la justice »[198].

Le recul de l'office conciliationnel du juge ne se traduit pas seulement de manière temporelle et interne au cadre judiciaire. Les réformes législatives successives semblent aussi aller dans le sens d'une expansion des modes amiables extrajudiciaires. Serait-ce le nouveau remède permettant de pallier le manque de temps des juges à remplir sa double mission : juger et concilier ? L'extrajudiciaire offrirait ce que le juge ne parvient pas à conquérir : un manque de temps[199] et des délais de réflexions à offrir aux justiciables[200].

Quoi qu'il en soit, ce développement de l'amiable hors la sphère de la justice affecte l'office conciliationnel du juge. Modes amiables, *judiciaires* et *extrajudiciaires*, ne fonctionnent pas de manière indépendante, mais sont au contraire interchangeables. La conciliation judiciaire est comme « déplacée » sur le terrain de l'extrajudiciaire, amplifiant l'affaiblissement de la mission conciliationnelle du juge (§ 1). Cette nouvelle organisation amiable extrajudiciaire invite donc le juge à revoir sa copie en matière de conciliation, laquelle doit désormais être conduite en lien avec l'extrajudiciaire (§ 2).

---

[198] Archives Parlementaires, Tome XII (du 2 mars au 14 avril 1790), Séance du 29 mars 1790, p. 408, interv. de M. de Vefville des Essarts.
[199] P. Giraud, « L'office du juge dans la conciliation et la médiation judiciaires : à la (re)découverte d'un office pluriel », *op. cit.*, p. 91.
[200] C. Mollard-Courtau, « Commission Guinchard, justice de proximité et conciliateur de justice : le rendez-vous manqué… », *Gaz. Pal.* n°291, 18 oct. 2011, p. 15.

§ 1 – Déclin de l'office conciliationnel du juge

La conciliation déléguée ne représente que 10% de l'activité conciliationnelle du conciliateur de justice[201]. Cette disproportion statistique ne témoigne pas seulement d'un manque de praticabilité des conciliations judiciaires. Le déclin de la conciliation judiciaire émane de l'expansion progressive de la conciliation extrajudiciaire et plus globalement des modes amiables extrajudiciaires.

Le justiciable peut être le premier à aménager son accès au juge[202] : des clauses contractuelles convenues entre les parties à un contrat peuvent initier un préalable extrajudiciaire de conciliation à l'action en justice[203]. À leur côté, au fil des réformes successives, le législateur a étoffé la palette des préalables extrajudiciaires légaux de conciliation[204]. De telle sorte que le juge partage sa mission de conciliation avec de nouveaux organes institutionnalisés[205], hors des frontières de l'appareil judiciaire.

---

[201] V. *Annexe n°1.* D'après le compte général de la Justice, le conciliateur de justice traite, par année, environ 110 demandes de conciliation extrajudiciaire, contre 10 000 affaires dans le cadre d'une conciliation déléguée. Ce pourcentage des conciliations déléguées augmente lentement, passant de 6% en 2001 à 11,5% en 2015 ; v. « L'activité des conciliateurs de justice en 2015 », *InfoStat Justice, Bulletin d'information statistique,* fév. 2017, n°148.

[202] V. Préface de C. Robin, *in* V. Donier et B. Lapérou-Scheneider (dir.), *La régulation par le juge de l'accès au prétoire,* Dalloz, 2013.

[203] Ces clauses constituent des fins de non-recevoir au sens de l'art. 122 du C. pr. civ ; v. Cass. ch. mixte, 12 déc. 2014, n°13-19.684, Bull. 2014, ch. mixte, n°3.

[204] S. Amrani-Mekki, F. Vert, « Gérer le contentieux en évitant le juge », *LexisNexis*, La Semaine Juridique, Entreprise et Affaires n°25, 23 juin 2016.

[205] Les organismes chargés d'une mission de conciliation sont nombreux. À titre d'exemples, loin d'être exhaustifs : en matière de conflits collectifs du travail (C. trav., art. L. 2522-1 et s.), en matière de marchés publics (comités consultatifs de règlement amiable créés par un D. n°81-272 du 18 mars 1981) ou encore en matière de baux (commissions départementales de conciliation nées de la L. n°89-462 du 6 juill. 1989).

Paradoxalement, un décret de 2015[206] est venu faire des modes amiables une condition d'accès au juge alors même que *l'amiable conciliationnel* est une composante de l'office du juge. Ce texte a imposé que tout demandeur justifie, dans l'acte introductif d'instance, des diligences entreprises « en vue de parvenir à une résolution amiable du litige » [207]. La saisine du tribunal d'instance par déclaration au greffe, pour les litiges d'un montant inférieur à 4000€ devait par ailleurs « être précédée d'une tentative de conciliation menée par un conciliateur de justice » sauf « 2° Si les parties justifi[ai]ent d'autres diligences entreprises en vue de parvenir à une résolution amiable de leur litige »[208]. La loi de programmation de la justice 2018-2022, entérine la teneur de ce préalable extrajudiciaire, en étendant le préalable de conciliation obligatoire à certains litiges relevant du tribunal de grande instance[209]. Elle prévoit toutefois une dispense des justiciables à recourir à ce préalable amiable lorsque les textes organisent un préliminaire de conciliation sous l'égide du juge[210].

---

206 D. n°2015-282 du 11 mars 2015 relatif à la simplification de la procédure civile, à la communication électronique et à la résolution amiable des différends.

207 Nouvelles mentions obligatoires de l'acte introductif d'instance prescrites par les art. 56 et 58 du C. pr. civ. Auparavant, l'expression de « diligences entreprises » renvoyait uniquement à la conciliation et médiation extrajudiciaires.

208 Art. 4 de la L. n°2016-1547 du 18 nov. 2016 de modernisation de la justice du XXIe siècle, mis en lien avec l'art. 843 du C. pr. civ.

209 En matière de conflits de voisinage et s'agissant des demandes inférieures à 5000€, la saisine du TGI doit être précédée d'un préalable amiable. V. art. 3 II de la L. n°2019-222 du 23 mars 2019 de programmation 2018-2022 et de réforme pour la justice, modifiant l'art. 4 de la L. n°2016-1547 du 18 nov. 2016 de modernisation de la justice du XXIe siècle, mis en lien avec l'art. 843 du C. pr. civ.

210 Art. 3, II, 4°, de la L. 2019-222 du 23 mars 2019 de programmation 2018-2022 et de réforme pour la justice. Les justiciables sont dispensés d'un préalable amiable : « si le juge ou l'autorité administrative doit, en application d'une disposition particulière, procéder à une tentative préalable de conciliation ».

Outre le renforcement de la place donnée à *l'amiable extrajudiciaire* au détriment de *l'amiable judiciaire*, le législateur a fait le choix d'assimiler l'ensemble des modes amiables extrajudiciaires. Les parties peuvent ainsi faire *leur* choix parmi des modes amiables onéreux, médiation et procédure participative, ou gratuit, la conciliation extrajudiciaire devant le conciliateur de justice. Cette confusion d'intérêts entre chaque mode amiable renforce l'idée des justiciables selon laquelle l'amiable est un « passage de pure forme »[211], « une simple formalité vidée de toute sa substance »[212]. Il leur suffirait donc de déclarer qu'elles se sont livrées à un processus amiable, quel qu'il soit, pour cocher à cette exigence processuelle[213] ; en justifiant soit d'un *constat d'échec*, soit d'une *attestation de vaine tentative de conciliation*[214]. En quoi serait-ce rationnel de recourir à un mode amiable onéreux aux fins d'obtenir ce « ticket d'entrée dans le cadre judiciaire » ? Ce choix discrétionnaire laissé aux justiciables réduit la conciliation à un intérêt purement financier, permettant d'éviter une charge processuelle supplémentaire[215] ; il instaure d'ailleurs une concurrence avec les autres modes amiables, notamment la médiation, avec laquelle la

---

211 S. Amrani-Mekki, « Chantier de l'amiable : concevoir avant de construire », in *Réformer la justice civile. Séminaire de droit processuel, op. cit.*, p. 66.

212 C. Mollard-Courtau, « Conciliation et conciliateur de justice à l'épreuve des réformes récentes, à venir mais aussi de la concurrence d'autres modes amiables gratuits », *LPA* n°44, 2 mars 2016, p. 3.

213 L.-C. Lemmet, « Les MARD, vers un changement de paradigme ? De quelques réflexions autour de la médiation et de la conciliation », *RTD Com*, Dalloz, 2018, p. 889.

214 Le constat d'échec est transmis aux parties seulement lorsque la tentative de conciliation a effectivement eu lieu. En cas de refus catégorique de l'une ou des parties de recourir à l'amiable, leur est transmis une attestation de vaine tentative de conciliation. V. Y. Bernand, « Aspects pratiques de la conciliation devant le tribunal d'instance », *op. cit.*, p. 11.

215 V. Étude d'impact, Projet de loi de programmation 2018-2022 et de réforme pour la justice, réalisée par Nicole Belloubet, du 19 avr. 2018, spéc. p. 7.

conciliation judiciaire est pourtant chronologiquement complémentaire.

Cette expansion de l'amiable extrajudiciaire perturbe la mission conciliationnelle du juge, qui, bien que modérément praticien, se trouve presque démuni d'une partie de son office par l'extrajudiciaire. Cette externalisation ne fait que creuser davantage le fossé existant entre le cœur de la justice et le justiciable[216], alors que la mission de conciliation du juge devrait être facteur d'un tel rapprochement.

Les responsables politiques avouent à demi-mot que cette expansion est une réponse à l'abondance des flux judiciaires[217]. Cette tendance à l'évitement du juge provient donc d'un impératif gestionnaire, chargé de réduire les coûts de résolution des litiges. Cet objectif de rigueur, concevable à certains égards, n'est pas sans risque sur le déclin de l'office conciliationnel du juge. L'outil précieux que constitue la conciliation judiciaire pour la résolution des *conflits* est en partie discrédité[218].

§ 2 – Pouvoir de sanctions du juge

À défaut d'un accord issu d'un *préalable amiable obligatoire,* les parties peuvent s'orienter vers la procédure contentieuse. Deux hypothèses sont alors à envisager. Dans la première, le demandeur peut justifier, dans l'acte introductif d'instance, avoir accompli les *diligences amiables* prescrites par les textes précités. L'action serait alors, *a priori,* déclarée recevable. Une nouvelle tentative de conciliation sous l'égide du juge, s'avèrerait ainsi certainement vaine, car déjà réalisée dans l'esprit du justiciable.

---

216 J.-P. Royer, *Être juge demain : Belgique, Espagne, France, Italie, Pays-Bas, Pologne et RFA, op. cit.,* p. 348s.

217 Sur cet objectif à demi-avoué : M.-C. Rondeau-Rivier, *Les modes alternatifs de règlement des conflits : un objet nouveau dans le discours des juristes français ?,* Mission de recherche Droit et justice, 2001, p. 41s.

218 L. Degos, « Réforme de la justice : le gouvernement se trompe de direction ! », *Les Échos, Tribune,* 5 sept. 2018, p. 2.

Dans la seconde hypothèse, le demandeur ne justifie d'aucune de ces diligences. Le juge pourrait être désintéressé de cette « omission processuelle ». Mais ne serait-ce pas dénier la fraction conciliationnelle de son office ? La mission du juge n'est pas confinée dans un cadre strictement judiciaire : le juge est aussi superviseur[219] de l'amiable extrajudiciaire.

Les textes lui confèrent le pouvoir et non le devoir, de sanctionner la carence de l'amiable extrajudiciaire, soit en prononçant l'irrecevabilité de la demande (A), soit en proposant – à son tour – une tentative de conciliation judiciaire (B).

A – Irrecevabilité de la demande

Les préalables de conciliation sont formalisés aux articles 56 et 58 du Code de procédure civile, qui réglementent la forme et le contenu des actes introductifs d'instance, à peine de nullité. Il va de soi que l'absence de tentative de règlement amiable ne fait pas l'objet d'une telle sanction.

À la lumière des clauses contractuelles de conciliation – mentionnées précédemment – le manquement aux *préalables légaux* de conciliation est sanctionné par une fin de non-recevoir, pouvant être prononcée d'office par le juge[220]. Des textes légaux, notamment en matière de baux d'habitation[221], font expressément référence à cette sanction. Ces préalables amiables n'ont pourtant pas toujours été synonymes de pouvoir de sanction conféré au juge.

---

[219] « Juge-superviseur », pour reprendre l'expression de Madame Joly-Hurard *in Conciliation et médiation judiciaires, op. cit.*

[220] Puisque relever une fin de non-recevoir est un pouvoir et non un devoir du juge, le manquement à un préalable de conciliation n'est pas sanctionné par une fin de non-recevoir d'ordre public, *a contrario* de l'art. 125, al. 1 du C. pr. civ.

[221] Art. 17, de la L. n°89-462 du 6 juillet 1989 tendant à améliorer les rapports locatifs et portant modification de la L. n°86-1290 du 23 décembre 1986 : « la fin de non-recevoir tirée de l'absence de saisine préalable de la commission départementale de conciliation peut être soulevée d'office par le juge ».

Suite à leur impérativité lors de l'époque révolutionnaire, les préalables amiables n'étaient plus imposés par le législateur depuis 1978[222]. L'absence de mention des diligences requises ne faisait l'objet d'aucune suite procédurale : ni fin de non-recevoir, ni nullité pour vice de forme n'étaient encourues. L'objectif présenté était uniquement celui de développer une culture des modes alternatifs des conflits dans l'esprit des justiciables. Se rendant compte de leur inefficacité, le législateur de 2015 a prévu dans l'article 127 du Code de procédure civile que le juge puisse proposer une conciliation ou médiation, à défaut d'une telle justification (*v. infra.*).

Pour faire de ces préalables un « procédé dissuasif d'intimidation »[223], la loi de 2016[224] a précisé, à propos de la saisine du tribunal d'instance par déclaration au greffe, que le préalable de conciliation devait la précéder « à peine d'irrecevabilité, que le juge peut prononcer d'office ». La récente loi de programmation 2018-2022 a également conféré au juge le pouvoir de prononcer l'irrecevabilité de la demande s'agissant des préalables amiables requis devant le tribunal de grande instance[225].

B – Proposition d'une conciliation judiciaire

L'expansion grandissante des préalables amiables au procès civil oblige le juge à garder un pied dans la *conciliation extrajudiciaire*. Qui d'autre que le juge pourrait en effet assurer l'effectivité des préalables amiables ? À l'évidence, ce n'est pas

---

[222] J.-P. Royer, *Être juge demain : Belgique, Espagne, France, Italie, Pays-Bas, Pologne et RFA, op. cit.*, p. 346.
[223] *Loc. cit.*
[224] Art. 4 de la L. n°2016-1547du 18 nov. 2016 de modernisation de la justice du XXIe siècle.
[225] V. art. 3 II de la L. n°2019-222 du 23 mars 2019 de programmation 2018-2022 et de réforme pour la justice, modifiant l'art. 4 de la loi n°2016-1547 du 18 nov. 2016 de modernisation de la justice du XXIe s.

le rôle du conciliateur de justice, dont la mission extrajudiciaire ne dépend que d'une saisine volontaire des parties[226].

Prononcer l'irrecevabilité de la demande n'est pas la seule sanction que la loi offre au juge pour superviser le respect des préalables amiables. Depuis 2015, l'article 127 du Code civil permet au juge, lorsque les parties n'ont pas justifié des diligences amiables entreprises, de « proposer aux parties une mesure de conciliation ou de médiation » [227]. Cela va sans dire, une telle conciliation impulsée par le juge au début de l'instance est une conciliation de nature judiciaire.

La conciliation judiciaire comme sanction du non-respect des modes amiables extrajudiciaires, n'est-ce pas déconcertant ?

En interaction avec les modes amiables extrajudiciaires, une fraction de la conciliation judiciaire en constitue le « filet de sécurité ». L'article 127 du Code de procédure civile conditionne le pouvoir du juge d'initier une conciliation à l'omission des parties d'avoir eu recours à un mode amiable extrajudiciaire. Textuellement, la réalisation de l'office conciliationnel du juge de l'article 21 du Code de procédure civile est pour partie tributaire d'une régularité des actes introductifs d'instance aux articles 56 et 58 du même Code. Pourtant, dans la mesure où la conciliation *entre dans la mission du juge,* sa praticabilité devrait s'affranchir d'une quelconque exigence de forme.

Sachant que tout au long de l'instance le juge a le loisir de proposer une conciliation aux parties[228], pourquoi corréler cette initiative à *un défaut de justification* ? Ce qui devait être une

---

[226] Art. 5 du D. n°78-381du 20 mars 1978 relatif aux conciliateurs de justice.

[227] C. pr. civ., art. 127 : « S'il n'est pas justifié, lors de l'introduction de l'instance et conformément aux dispositions des articles 56 et 58, des diligences entreprises en vue de parvenir à une résolution amiable de leur litige, le juge peut proposer aux parties une mesure de conciliation ou de médiation ». Disposition introduite par l'art 21 du D. n°2015-282 du 11 mars 2015 relatif à la simplification de la procédure civile, à la communication électronique et à la résolution amiable des différends.

[228] C. pr. civ., art. 128.

suggestion habile du juge[229], acteur le mieux à même d'apprécier de la réussite d'une démarche conciliatoire, n'est en l'espèce qu'une sanction temporellement affectée au seuil de l'instance. En faisant de la conciliation judiciaire un remède contre la carence de l'extrajudiciaire, ce n'est plus le juge qui propose un processus, mais la loi qui lui impose une procédure[230].

Hormis une certaine méconnaissance, pourquoi les parties ayant décidé de ne pas se confronter à « une perte de temps amiable extrajudiciaire » auraient-elles la volonté d'accepter une telle conciliation devant le juge ? Une réponse consistant en « de meilleures garanties offertes par le juge » traduirait nécessairement une certaine déficience des modes amiables extrajudiciaires vis-à-vis de la conciliation judiciaire.

---

229 L.-C. Lemmet, « Les MARD, vers un changement de paradigme ? De quelques réflexions autour de la médiation et de la conciliation », *op. cit.,* p. 889.

230 N. Besombes, D. Chavernos, B. Gorchs-Gelzer, M. Hauser, S. Henry, « Médiation et entreprise : nouvelles obligations et perspectives », *JCP n°39,* 2016, p. 1505.

SECONDE PARTIE
Une réappropriation nécessaire de l'office conciliationnel du juge

« Juger, peut-on mieux faire ? »[231]

À ce stade de notre étude, nous pourrions difficilement conclure à une reconnaissance et praticabilité de la conciliation au sein des juridictions civiles. Les approximations tenant au périmètre de son champ d'intervention ne permettent pas de lui accorder une identité propre. *Concilier* ne permettrait pas de mieux faire que de *juger*.

La conciliation judiciaire entreprend – non sans difficultés – de trouver une place au sein de l'institution judiciaire, pour contrebalancer cet *acte de juger*.

Comment pourrait-on envisager une meilleure prise en considération de la conciliation judiciaire au sein du système judiciaire civil ? Indubitablement, cela implique une nouvelle société de justiciables, des acteurs particulièrement sensibilisés aux modes amiables. Renouveler la justice traditionnelle, ou même « l'abandonner à son propre sort » en la substituant aux modes amiables[232] ? Les contours approximatifs de la conciliation judiciaire ne traduisent-ils pas plutôt une phase transitoire d'appropriation ou plutôt de *réappropriation*[233] par les juridictions civiles, d'une forme de *justice conciliationnelle* ?

---

[231] Thème d'un colloque tenu à Lyon en déc. 1988, cité par G. Pluyette, « La médiation judiciaire », *in Le juge entre deux millénaires, Mélanges P. Drai,* 2000, p. 466.

[232] B. Gorchs, « La conciliation comme 'enjeu' dans la transformation du système judiciaire », *op. cit.,* spéc. p. 240.

[233] Puisque l'institution judiciaire s'est déjà approprié la mission de conciliation par le passé, notamment par l'institutionnalisation des juges de paix après Révolution. v. *Introduction.*

Désormais, la conciliation judiciaire pourrait être saisie par le système judiciaire civil comme « deuxième facette de la justice »[234].

La réappropriation de la conciliation judiciaire implique en priorité que les juridictions civiles situent la conciliation au cœur même du procès civil, comme une alternative au juridictionnel. Les juridictions civiles doivent imaginer une offre diversifiée de justice. Ce mode de règlement judiciaire constituerait une nouvelle approche de la justice dans sa fonction essentielle de restauration de la paix sociale (Chap. 1).

Reconsidérer l'intérêt d'une forme de justice conciliationnelle impliquerait la construction d'une nouvelle arborescence des juridictions civiles. La redéfinition d'un chemin procédural d'influence conciliationnelle, d'une part, et du rôle des acteurs du procès civil, d'autre part, entérinerait la pertinence de la conciliation judiciaire (Chap. 2).

---

[234] A. Audrerie, *op. cit.*, p. 125.

Chapitre 1
Concevoir l'institutionnalisation de la conciliation

« Un juge qui concilie ; voici qui surprend tant on attend du juge qu'il tranche »[235]

L'insertion de la conciliation au cœur des juridictions civiles suppose d'abord de mettre un point d'honneur à clarifier sa « place institutionnelle », faisant souvent l'objet de confusions.

La conciliation judiciaire n'est pas une alternative au procès civil – et à l'accès au juge –mais une alternative judiciaire à l'*office juridictionnel* du juge. Elle est donc un mode de règlement des litiges, au sein de l'organisation judiciaire et à côté de la procédure juridictionnelle (sect. 1)[236].

Contrairement à cette forme de justice traditionnelle par laquelle tous les litiges bénéficieront forcément d'une *fin judiciaire*, tous les litiges ne sont en revanche pas conciliables[237]. L'*office conciliationnel* du juge ne pourrait donc, au moins pour l'instant, suppléer son *office juridictionnel.* Ces deux formes de justice « cohabitent (donc) dans la même enceinte et participent, selon leur vocation respective à la réalisation de la mission première impartie aux tribunaux : rendre justice »[238]. C'est par ses vertus participatives que la conciliation judiciaire pourrait

---

[235] P. Giraud, « L'office du juge dans la conciliation et la médiation judiciaires : à la (re)découverte d'un office pluriel », *op. cit.,* p. 85.

[236] Propos de G. Pluyette repris dans J. Joly-Hurard, *Conciliation et médiation judiciaires, op. cit.,* p. 159.

[237] Y. Bernand, « Aspects pratiques de la conciliation devant le tribunal d'instance », *op. cit.,* p. 11.

[238] L. Otis, « La justice conciliationnelle : l'envers du lent droit », *Revue internationale d'éthique sociétale et gouvernementale,* vol. 3 n°2, Éthique de la magistrature. Rendre la justice, 2001, p. 3.

devenir l'échappatoire d'une justice traditionnelle dénoncée comme « trop processuelle » ; et par conséquent, légitimer la fonction de la justice étatique dans la restauration de la paix (sect. 2).

Section 1 - Remettre la conciliation au cœur du procès

> « Le règlement judiciaire et le règlement amiable du litige ne sont pas exclusifs l'un de l'autre. Loin d'être opposés, le contrat et le procès, la convention et la juridiction, doivent au contraire être conciliés et non pas opposés car tous deux sont de nature à permettre la solution des litiges. Ces combinaisons sont déjà à l'œuvre en droit français : le recours au juge n'exclut pas le règlement amiable, et à l'inverse, le règlement amiable n'exclut pas le recours au juge »[239]

Faire de la conciliation une fraction de l'office du juge, c'est l'aborder comme un nouveau mode de règlement permettant la solution des litiges. Malencontreusement et sans doute en raison du développement des MARD extrajudiciaires, le terme de *conciliation* renvoie à l'idée d'une forme d'« alternative au procès civil ».

Conciliation n'est pourtant pas synonyme de renoncement au juge, lequel dispose d'un office tant juridictionnel qu'extra-juridictionnel[240]. Sa place ne suppose pas d'être dissociée du judiciaire comme son adjectif le laisse explicitement sous-entendre mais d'être au cœur du judiciaire, au côté du

---

[239] L. Cadiet, « Solution judiciaire et règlement amiable des litiges : de la contradiction à la conciliation », in *Le droit de l'entreprise dans ses relations externes à la fin du XXe siècle, op. cit.*, p. 125.

[240] P. Giraud, « L'office du juge dans la conciliation et la médiation judiciaires : à la (re)découverte d'un office pluriel », *op. cit.*, p. 89s.

juridictionnel (§ 1). Déraciner la conciliation judiciaire de la catégorie disparate des « modes *alternatifs* de règlement » contribuerait certainement à mieux clarifier sa place « judiciaire extra-juridictionnelle » (§ 2).

§ 1 – Caractère « extra-juridictionnel » de la conciliation judiciaire

La conciliation judiciaire offre aux parties engagées dans une instance « une voie additionnelle de résolution du conflit, négociée, plongée au cœur du système judiciaire »[241].

Au sein des murs du palais de justice, elle constitue une alternative, non pas au judiciaire, mais au *juridictionnel*, seconde fraction de l'office du juge, aux côtés de laquelle elle prend place (A). Loin d'exclure toute intervention du juge, la conciliation est le « déploiement » de la parcelle conciliationnelle de son office (B).

A – Mode de règlement judiciaire parallèle

Le développement des MARD met à la disposition des justiciables une « offre plurielle de justice »[242]. « Pluri »[243] dans le sens d'une hétérogénéité de la nature des modes de règlement judiciaires et extrajudiciaires mis à la disposition des justiciables pour mettre fin à leur conflit *et/ou* litige.

La conciliation fait partie intégrante de cette offre plurielle, notamment dans sa fraction judiciaire. Sa particularité réside

---

[241] L. Otis, « La justice conciliationnelle : l'envers du lent droit », *op. cit.*, p. 4.

[242] Cette expression de « justice plurielle » est notamment utilisée par Loïc Cadiet, à plusieurs reprises, au sein de différents textes, pour parler des MARD de manière générale. À titre d'exemple, V. : L. Cadiet, « Les tendances contemporaines de la procédure civile », *in Mélanges Georges Wiederkehr*, Dalloz, 2009, p. 65. Et plus récemment : L. Cadiet et T. Clay, *Les modes alternatifs de règlement des conflits*, *op. cit.*, p. 22.

[243] Préfixe, du latin *plures*, indiquant une « pluralité ».

dans le fait qu'elle n'est menée ni à l'ombre du juge, ni dans le cadre de son office juridictionnel. En qualité de « mode de règlement amiable judiciaire extra-juridictionnel », elle constitue une forme hybride de règlement, à la fois judiciaire et conventionnelle[244].

En s'intégrant à la juridiction civile, la conciliation met en œuvre en son sein une forme de justice « parallèle » à celle issue du jugement. En conséquence, l'offre *de justice* est doublement plurielle. D'une part, du fait de la distinction entre les modes amiables intra ou extrajudiciaires ; d'autre part, par une seconde subdivision « intrajudiciaire » au sein de laquelle cohabitent une fraction amiable, matérialisée notamment par la conciliation judiciaire, et une fraction contentieuse, de laquelle découle un jugement.

La conciliation judiciaire n'est donc ni un accessoire, ni un parallèle à la justice étatique[245]. Elle est un mode judiciaire de résolution des litiges permettant au juge de réaliser pleinement l'office conciliationnel extra-juridictionnel qui lui est conféré par l'article 21 du Code de procédure civile. C'est d'ailleurs par cette intégration au sein des juridictions civiles que la conciliation incarne la notion de « judiciarisation » ; à savoir « l'admission, dans le cadre de la justice d'État, de certains modes non juridictionnels de règlement des disputes comme la conciliation et la médiation »[246].

Conciliation judiciaire et justice traditionnelle ne sauraient être radicalement opposées. Elles composent ensemble l'offre d'un *règlement litigieux judiciaire*. Cette dualité judiciaire n'est « ni contradictoire ni antinomique car ces deux dimensions se complètent et ne s'excluent pas »[247].

---

244 V. Rapport de l'IHEJ sur *La prudence et l'autorité. L'office du juge au XXIe siècle*, réalisé par A. Garapon, S. Perdriolle et B. Bernabé, mai 2013, www.ihej.org (ainsi que l'édition chez Odile Jacob).

245 B. Holleaux, « Médiation prud'homale : renouveau de l'office du juge – Première partie », *op. cit.*, p. 5.

246 Voir Judiciarisation / Déjudiciarisation *in Dictionnaire de la Justice*, L. Cadiet (dir.), *op. cit.*, p. 677.

247 P. Giraud, « L'office du juge dans la conciliation et la médiation judiciaires : à la (re)découverte d'un office pluriel », *op. cit.*, p. 88.

B – Office « extra-juridictionnel » du juge

La fraction amiable de l'offre de justice peine encore à se faire une véritable place au sein de l'institution judiciaire civile. Du fait des contours fragiles de sa définition mais aussi et surtout de son déclin face au développement des *préalables obligatoires extrajudiciaires*, le recours au juge est désormais devenu « subsidiaire ».

Cette « marginalisation » de la conciliation judiciaire par le développement de l'extrajudiciaire, tend à soulever la question du droit d'accès au juge, textuellement fondamental[248] et dont la protection est assurée par la Cour Européenne des Droits de l'Homme[249].

Ne serait-ce pas une illustration du « serpent qui se mord la queue », succession de contretemps dont on ne voit pas la fin ? Redoutant que le juge ne soit encore davantage submergé par sa mission conciliatoire, le législateur a « externalisé » cette mission. Cette solution amène à une nouvelle complication : la question de l'accès au juge, qui devrait pourtant être au cœur de l'activité conciliationnelle. En d'autres termes, la conciliation extrajudiciaire conditionne l'accès au juge, dont l'office a pourtant une dimension conciliationnelle ; n'est-ce pas paradoxal ?

Or, une vision idéale de toute justice n'est-elle pas une *justice conciliationnelle,* plutôt qu'un renoncement au juge ? Pourquoi vouloir contourner le juge, dont l'office est pour partie consacrée à une mission amiable ?

---

[248] Le droit d'accès au juge est reconnu et garanti par de nombreux textes (art. 8 de la DUDH, art. 6 §1 de la CEDH…).

[249] CEDH, 26 mars 2015, *Momcilovic c. Croatie,* n°11239/11, RTD civ. 2015. 698, obs. P. Théry. Dans cette décision, la CEDH a jugé que l'obligation du préalable de médiation ou conciliation à peine d'irrecevabilité de la demande était conforme à l'article 6 §1 de la CESDH. Ce préalable ne constituant pas « une entrave disproportionnée à l'accès au juge, dans la mesure où la partie conserve le droit de refuser l'accord et de saisir le tribunal, et où le but poursuivi par le législateur est d'améliorer le fonctionnement de la justice et de proposer une solution conforme aux intérêts et aux besoins des personnes ».

La conciliation judiciaire n'est pas une tendance à l'« évitement du juge »[250], mais cherche à contourner à point nommé[251] son office juridictionnel grâce à un mode de règlement adjoint. La conciliation judiciaire fait donc d'une pierre deux coups, en ce qu'elle permet aux parties de régler amiablement leur litige tout en leur garantissant l'effectivité de leur droit d'accès au juge. N'est-ce pas là la double mission du juge : être à la fois « garant de la paix sociale et de la sécurité des transactions » ?[252]

§ 2 – Réflexion sur la catégorisation de « mode alternatif »

La notion de « mode alternatif de règlement » est extrêmement large. Les acronymes de MARD, MARL ou MARC – précédemment évoqués – sont des « catégories transversales perméables »[253]. Ils regroupent sous une même appellation une diversité de modes amiables : à la fois extrajudiciaires (conciliation, médiation ou procédure participative) ou juridictionnels (arbitrage), ainsi que leur intermédiaire – à la fois judiciaire et conventionnelle – dont fait partie la conciliation judiciaire. Cette *classification homogénéisée* conduit à un manque de lisibilité des modes amiables, pris isolément, et notamment à rendre plus opaque le rôle joué par la conciliation au sein de l'institution judiciaire.

Nous avons démontré que la conciliation judiciaire ne réglait ni un litige, ni un conflit, mais, simultanément *le conflit* et son

---

[250] N. Fricero, « Le décret du 1er octobre 2010 : une oralité sécurisée, une conciliation modernisée », p. 2, consultable sur le site www.conciliateurs.fr

[251] La conciliation judiciaire n'est pas opportune à l'ensemble des litiges.

[252] C. Mollard-Courtau, « La recherche d'un accord équitable en matière de conciliation : entre liberté, équité et droit », 23 mai 2018, www.village- justice.com

[253] M.-C. Rivier (dir.) et. Al., « Les modes alternatifs de règlement des conflits. Un objet nouveau dans le discours des juristes français ? », *op. cit.,* p. 77.

aspect *judiciarisé en litige*[254]. D'un point de vue terminologique, il aurait été opportun de classer la conciliation judiciaire dans une catégorie hybride de « *MARLC* », à la fois MARL et MARC.

La lettre « A » de ces acronymes porte aussi à confusion s'agissant de la conciliation judiciaire. Habituellement, cette lettre renvoie au terme « alternatif »[255], bien plus fréquemment qu'à celui d'« amiable ». Ce choix aurait été inspiré par l'expression anglo-saxonne : « *Alternative dispute resolution* » (ADR)[256].

Rapporté à la conciliation judiciaire, quel peut être le sens du terme « alternatif » ?

Étymologiquement, *alternare* venant de *alter*, signifie : « faire tantôt une chose, tantôt une autre »[257]. Concernant les modes amiables, ce terme est pour le moins ambigu : en effet, leurs acronymes ne précisent pas à quelle « *autre chose* » renvoie l'alternatif. Encore plus précisément, appliqué à la conciliation judiciaire, l'alternatif est-il l'office juridictionnel du juge ? L'action en justice exercée devant une juridiction civile ? Une différence importante existe entre ces deux approches !

Admettre que le procès civil est l'alternative à la conciliation judiciaire, revient à suggérer que la conciliation judiciaire ne renvoie pas à une forme de justice, puisque conçue comme une « voie de contournement ». À titre d'exemple, *Le Robert*, déjà dans son édition parue en 1992, définissait la *conciliation* comme « un mode *alternatif* de résolution des conflits permettant d'éviter le passage devant un tribunal »[258]. La conciliation est ainsi envisagée exclusivement sous son angle extrajudiciaire. Cette forme de préférence extrajudiciaire s'explique par une

---

[254] V. supra, Partie I, Ch. 1, Sect. 1, §2.

[255] V. B. Gorchs, « La conciliation comme 'enjeu' dans la transformation du système judiciaire », *op. cit.*, pp. 223-256.

[256] Ce mouvement serait à l'initiative du ministère de la Justice des USA dans les années 1970.

[257] L. Cadiet, T. Clay, *Les modes alternatifs de règlement des conflits*, *op. cit.*, p. 15.

[258] V. « conciliation », *Dictionnaire historique de la langue française*, *Le Robert*, 1992.

coutume française d'associer les modes amiables à un phénomène de déjudiciarisation[259].

Ne serait-ce pas totalement contradictoire de catégoriser la conciliation judiciaire, mode de règlement amiable sous l'autorité du juge, comme un mode alternatif au règlement judiciaire des litiges[260] ? Paradoxalement, ce serait nier un aspect de sa définition : le cadre judiciaire du procès civil au sein duquel elle s'exprime. Dès lors, sans doute serait-il pertinent de l'exclure de la catégorie des « *modes alternatifs* ».

Loin d'être un mode destiné à « se substituer au processus judiciaire »[261], la conciliation judiciaire est une alternative au second office juridictionnel du juge. Le terme « alternatif », pour correspondre à l'objet de la conciliation judiciaire, devrait faire référence à une alternative entre ces deux portions de l'office judiciaire. L'alternative est interne au cadre judiciaire, incorporée à la justice traditionnelle, et non en opposition avec elle. Il conviendrait alors, pour préciser sa nature à la fois « judiciaire » et « extra-juridictionnelle », de compléter l'acronyme en précisant qu'il s'agit d'un mode de règlement *judiciaire* alternatif « *au juridictionnel* ».

En outre, le terme « alternatif » peut véhiculer une connotation péjorative, en ce qu'il ferait de la conciliation judiciaire un « substitut »[262] du jugement. Ne serait-il alors envisageable de lui substituer le terme – simple mais approprié – d'« amiable » ?

De surcroit, dans l'attente d'une précision sur ce à quoi fait référence ce terme « alternatif », n'est-il pas plutôt préférable d'extraire la conciliation judiciaire de ces acronymes imprécis ? Au-delà d'une pure convention de langage, libérer la conciliation

---

[259] B. Blohorn-Brenneur (dir.), « Panorama des médiations du monde. La médiation, langage universel de règlement des conflits », Actes du colloque : premières assises internationales de la médiation judiciaire tenus à Paris, les 16 et 17 octobre 2009, L'Harmattan, 2009, p. 306.

[260] G. Cornu, « Les modes alternatifs de règlement des conflits », *op. cit.*, spéc. p. 318.

[261] *Loc. cit.*

[262] Terme qui peut être perçu dans le sens d'un « remplacement momentané », alors que la conciliation judiciaire doit être un mode judiciaire de règlement autosuffisant.

judiciaire de cette classification terminologique permettrait de reconsidérer l'office conciliationnel du juge : assurer la paix sociale par une réponse *amiablement judiciaire.*

Section 2 – Reconnaître un autre moyen de rendre justice

Par la justice, il s'agit « non plus de faire régner le droit, mais bien de rechercher la paix entre les hommes »[263], selon Jean Carbonnier. Une justice pacificatrice n'est pas nécessairement synonyme d'un règne inconditionnel du droit.

Ainsi, concevoir la conciliation comme une forme de justice établie dans l'ordre judiciaire évoque un renouveau du modèle de la justice, en réponse au dysfonctionnement de la justice traditionnelle. La conciliation judiciaire permet de remédier à l'antagonisme entretenu par le juridictionnel (§ 1). Elle opère « un déplacement du centre de gravité de toute l'institution judiciaire » [264] : en effet, ce n'est plus au justiciable de se fondre dans la scène objective du procès, mais au juge de s'acclimater subjectivement à la situation du justiciable. L'idée d'une « justice participative » davantage citoyenne et parfois même plus juste[265], renforce la légitimité de l'institution judiciaire dans son rôle de retisser du lien social (§ 2).

§ 1 – Désaveu du cérémonial juridictionnel

La paix doit « guider la main de la justice »[266]. La justice traditionnelle, rendue en droit, est au cœur du pacte

---

[263] J. Carbonnier, *Sociologie juridique. Le procès et le jugement,* Paris, Association corporative des étudiants de droit, 1961-1962, p. 204.
[264] A. Garapon, S. Perdriolle, B. Bernabé, *op. cit.*, p. 35-36.
[265] L. Cadiet, T. Clay, *Les modes alternatifs de règlement des conflits, op. cit.*, p.145.
[266] T. Clay, « La mise en état conventionnelle et la césure du procès », *in Réformer la justice civile. Séminaire de droit processuel,* C. Chanais

républicain[267]. En tranchant sur le fond, en désignant un perdant et un gagnant, la décision juridictionnelle met fin aux doutes, lève les ambiguïtés et assigne aux protagonistes du conflit de ne plus rester sur leurs positions. La justice permet la résolution des conflits et la préservation d'un certain ordre social.

Connaisseur du droit et des conflits, le juge est le délégataire naturel de cette mission de régulation sociale, émanation de l'État[268]. Il bénéficie auprès des parties, d'une majestueuse autorité morale[269]. En introduisant une action en justice, les parties perçoivent le juge comme le seul « encore capable d'apporter des certitudes dans un monde divisé »[270]. Le droit *d'accès au juge* est un enjeu fondamental. Plus de 2 700 000 demandes en justice sont formulées chaque année devant les juridictions civiles et commerciales[271].

En même temps, les justiciables français ne manquent pas de dénoncer une justice « trop compliquée, trop lointaine et souvent incertaine »[272]. Cette critique des justiciables s'adresse donc moins à la personne du juge qu'à une justice *jugée* trop « procédurière ».

La justice traditionnelle est créatrice d'une multitude *d'antagonismes*[273] du fait des prétentions discordantes des demandeurs et défendeurs, des rôles respectifs des juges et

---

et X. Lagarde (coord.), Actes du colloque du 6 fév. 2018, *La Semaine Juridique* n°13, 26 mars 2018. p. 52.

[267] N. Gerbay, « Les choix des modalités de règlement des litiges par le juge civil : approche théorique », *op. cit.,* p. 166.

[268] J.-Y Le Borgne, *Changer la justice, op. cit.,* p. 27.

[269] L. Otis, « La justice conciliationnelle : l'envers du lent droit », *op. cit.,* p. 6.

[270] P. Martens, « Réflexions sur l'office du juge à l'époque contemporaine », *Revue de droit d'Assas* n°13-14, fév. 2017, p. 53.

[271] Les chiffres-clés du ministre de la justice, Éd. 2016, www.justice.gouv.fr/statistiques-10054/

[272] J.-M. Coulon, « L'évolution des modes de règlement sous l'égide du juge », *in* P. Ancel et M.-C Rivier (dir.), *op. cit.*, p. 133. V. aussi : B. Gorchs, « La conciliation comme "enjeu" dans la transformation du système judiciaire », *op. cit.,* p. 224-228.

[273] L. Otis, « La justice conciliationnelle : l'envers du lent droit », *op. cit.,* p. 2.

avocats. Chaque acteur du procès civil a un rôle à jouer dans la construction d'une vérité judiciaire[274]. Les parties, pourtant principales concernées par le fond du litige, restent en retrait de cette mise en scène judiciaire. Souvent ignorantes des arcanes du droit, elles se sentent dominées, écrasées « par la force du cérémonial et par son effet à la fois inhibiteur, culpabilisateur et angoissant »[275]. Des doutes peuvent alors s'immiscer dans l'esprit des justiciables ainsi démunis sur la capacité réelle des juridictions civiles à remplir leur mission pacificatrice[276].

L'état de dépossession et d'opposition généré par la procédure juridictionnelle, peut-il constituer un outil de rétablissement durable des relations sociales ? Par-delà le règlement d'un litige, la décision judiciaire est-elle en mesure de régler un conflit originel ? Selon Paul Ricœur, « l'aspect déontologique » de la justice traditionnelle (*l'affirmation de règles*) semble s'être éloigné de « son aspect téléologique » *(la visée d'un bien-vivre commun)*, alors que ces deux aspects sont normalement inséparables[277].

Aux yeux des justiciables, l'intervention du juge en application de l'article 12 du Code de procédure civile n'est plus un mode idéal de justice[278]. Ce désaveu met l'accent sur les limites d'un traitement juridictionnel des litiges en matière de pacification sociale. Ce questionnement de la justice traditionnelle par les justiciables est sans doute « le signe d'une volonté de changement dans le modèle de la justice »[279].

La conciliation judiciaire constitue probablement une réponse adaptée aux attentes des justiciables et peut-être le meilleur remède à leur désaveu. Elle permet en effet de rompre avec cette forme de justice contentieuse « enfermée dans ses temples,

---

[274] B. Gorchs, « La conciliation comme "enjeu" dans la transformation du système judiciaire », *op. cit.,* p. 234.
[275] N. Dion, *De la médiation*, Mare & martin, 2e éd. 2018, p. 39.
[276] J. Joly-Hurard, *Conciliation et médiation judiciaires, op. cit.* p. 2.
[277] Pensée de Paul Ricœur, *in* J.-M. Gaté, « Entretien avec Paul Ricœur », *Le Philosophoire*, 2001/3, n°15, p. 9-21.
[278] V. « Conciliation et médiation », *in* L. Cadiet (dir.), *Dictionnaire de la Justice*, *op. cit.,* p. 191.
[279] B. Gorchs, « La conciliation comme "enjeu" dans la transformation du système judiciaire », *op. cit.,* p. 227.

ligotée par ses rituels et ses procédures, rendue opaque sinon aveugle par la technicité du droit et submergée par la marée contentieuse »[280]. Loin de cet antagonisme procédural, cette forme de *justice conciliationnelle*[281] permet grâce au dialogue de retisser le lien social. Elle pourrait incarner ce que Serge Guinchard appelle la « démocratie procédurale » [282].

§ 2 – Une justice plus participative

Pour Nicolas Cayrol, la procédure civile est *équivoque* : à la fois droit au service des intérêts des particuliers, et droit au service d'un idéal de justice, qui transcende la société toute entière[283].

Dans la conciliation judiciaire, ces deux conceptions rassemblées sont à l'œuvre. C'est la réception des ressentis subjectifs des parties dans le dialogue conciliationnel, au plus près de leur intérêt, qui contribue à assurer cet idéal de restauration d'un bien-être commun. La forme de justice vectrice d'harmonisation sociale n'est plus celle imposée par le juge aux justiciables mais celle qui réconforte les parties dans l'impulsion du dialogue, sous l'œil avisé d'un tiers conciliateur émérite (A). La conciliation judiciaire permet qu'une société mieux comprise soit mieux servie[284] ; que les parties sortent « la tête haute » des palais de justice[285], après avoir élaboré ensemble une solution

---

280 J. Poumarède, « La conciliation, la mal-aimée des juges », *in Les désunions de la Magistrature (XIXe-XXe siècles)*, PU Toulouse 1 Capitole, 2013, p. 231-247, spéc. p. 231.

281 V. I. Kitamura, « L'avenir de la "justice conciliationnelle" », *in L'avenir du droit. Mélanges F. Terré*, PUF, 1999, p. 801-818.

282 S. Guinchard, « Vers une démocratie procédurale », Justices, 1999, repris et développé dans « Les métamorphoses de la procédure à l'aube du IIIe millénaire », *Clefs pour le siècle,* Paris II-Dalloz, 2000, p. 1135-1211.

283 N. Cayrol, *Procédure civile, op. cit.*, p. 19s.

284 L. Otis, « La justice conciliationnelle : l'envers du lent droit », *op. cit.,* p. 1.

285 L. Casaux-Labrunée, « La liberté de se réconcilier », *op. cit.,* p. 532.

judiciaire à laquelle elles ont personnellement consenti et qu'elles vont plus spontanément honorer (B).

A – Modification du rôle du juge

La qualité d'une justice rendue par les juridictions civiles ne dépend pas seulement d'une proximité géographique[286]. Elle suppose d'être intelligible et à l'écoute des justiciables. Cette forme de justice plus accessible et bienveillante s'accomplit par la conciliation menée par un juge. Elle est jugée plus humaine, simple, rapide, économique ; et surtout, elle favorise la responsabilisation des parties, par leur participation personnelle[287] dans la gestion de leur *litige* et *conflit*.

La *justice conciliationnelle* rend aux justiciables ce que la *justice contentieuse* leur confisquerait : l'expression de leurs ressentis et rancœurs[288]. Les échanges entre les parties ne sont plus un combat judiciaire, qui entérine l'incompréhension mutuelle « jusqu'à la mort symbolique de l'adversaire »[289]. Au contraire, ils rétablissent des réflexions censées, affranchies de juridicité, respectueuses de l'autre partie. L'absence ou la diminution de formalités durant ces échanges est la clef de voute d'une parole libre de toute litigiosité. Les parties ne sont plus à la recherche d'une « vérité judiciairement construite », mais d'un point d'accord réciproquement consenti. Le contradictoire devient ainsi moins un outil de régulation des échanges qu'un moyen de parvenir à une justice pacificatrice. Le juge peut alors au besoin organiser des « apartés » avec les parties[290], ce que son office juridictionnel ne lui aurait en principe pas permis.

---

[286] L'implantation de Maisons de justice et du droit, d'antennes de justice, de conseils départementaux de l'accès au droit se chargent déjà de cette proximité territoriale entre justiciables et droit.

[287] J. Joly-Hurard, *Conciliation et médiation judiciaires, op. cit.*, p. 4-5.

[288] S. Amrani-Mekki, « Chantier de l'amiable : concevoir avant de construire », *op. cit.*, p. 70.

[289] I. Kitamura, « L'avenir de la "justice conciliationnelle" », *op. cit.*, spéc. p. 814.

[290] P. Giraud, « L'office du juge dans la conciliation et la médiation judiciaires : à la (re)découverte d'un office pluriel », *op. cit.*, p. 91. A

S'opère ainsi un véritable « transfert judiciaire des rôles »[291]. Les parties sont à l'initiative du contenu de la discussion. Le juge, d'ordinaire « gardien de la procédure formelle et décideur d'un ordre juridique »[292], est désormais davantage en retrait. Accepter sa mission de conciliation, c'est en effet pour le magistrat « accepter de laisser aux parties qu'il guide le premier rôle dans la recherche d'une solution consensuelle à leur litige »[293]. Le juge acquiert un rôle *d'observateur* et de *superviseur*, il fait circuler la parole entre les protagonistes pour restituer au conflit déclaré son sens premier.

Légitimes à trancher conformément au droit, les magistrats cantonnés à un « rôle en retrait » perçoivent-ils cette mission comme moins noble ? Figure centrale de la justice, ne se sentent-ils pas destitués, frustrés, privés de leur *imperium* ?

La formation professionnelle des magistrats est au fondement d'une autorité assise sur des compétences, la capacité à appréhender la technicité des textes, par exemple, mais cette formation ne les prédispose guère à s'aventurer dans l'*art de la conciliation*[294]. La formation initiale des magistrats professionnels n'a intégré une section sur les MARD qu'en 2014[295], soit presque 40 ans après que la mission de conciliation

---

titre d'exemple, en matière de conciliation prud'homale, l'art. L. 1454-1, al. 2 du C. trav. autorise « le bureau de conciliation et d'orientation (à) entendre chacune des parties séparément et dans la confidentialité ».

[291] L. Otis, « La justice conciliationnelle : l'envers du lent droit », *op. cit.,* p. 6.

[292] S. Courteau, « La conciliation judiciaire à la Cour supérieure », *Revue de prévention et règlement des différends,* 2005, vol. 3, n°1, *in* J.-F. Roberge, *Typologie de l'intervention en conciliation judiciaire chez les juges canadiens siégeant en première instance et ses impacts sur le système judiciaire, le droit et la justice. Étude de la perception des juges canadiens,* Thèse de droit, Universités Laval et de Sherbooke, 2007, p. 114.

[293] B. Gorchs, « La conciliation comme "enjeu" dans la transformation du système judiciaire », *op. cit.,* p. 233.

[294] *Ibid.,* p. 232.

[295] V. Rapport sur *Le développement des modes amiables de règlement des différends*, n°22-15, réalisé par l'Inspection Générale des Services Judiciaires (IGSJ), avr. 2015, spéc. p. 40.

ait été érigée en principe directeur du procès civil (en 1975). Une enquête de 2010 a aussi mis en lumière qu'un nombre très limité de conseillers prud'homaux avaient été formés à la conciliation (29% des conseillers employeurs et 37% des conseillers salariés)[296]. C'est pourquoi le législateur, conscient que la mission conciliationnelle du bureau de conciliation et d'orientation primait sur la mission juridictionnelle du bureau de jugement, a récemment rendu cette formation obligatoire[297].

Les magistrats doivent être en mesure de saisir les enjeux de l'article 21 du Code de procédure civile. Ce rôle d'*accompagnateur en retrait* n'est pas « une démission du juge ; c'est une des missions du juge »[298].

B – Collaboration des parties pour la solution du litige

Sa nouvelle communication « privilégiée » avec les parties contribue à revaloriser sa place de pacificateur social[299]. Outre la reconnaissance de droits fondamentaux attachés à toute personne, et à tout justiciable, une légitimité démocratique se réalise aussi par une capacité reconnue à chaque individu « de conduire sa vie et d'être associé à toutes les décisions qui le concernent » [300].

La liberté de s'arranger « entre soi », à l'ombre protectrice du juge, est tout aussi symbolique que la contrainte des institutions[301]. Dans l'élaboration de la réponse judiciaire à leur

---

296 N. Swierczek, *L'institution prud'homale, cette excentrique que l'on voulait rationnaliser,* Thèse de sociologie, Lille 1, 2010, p. 185 : le doctorant renvoi à l'enquête réalisée par G. Champagne.

297 C. trav., art. L. 1442-2, art. D. 1442-10-1 et 1442-10-2 ; D. n°2017-684 du 28 avr. 2017 relatifs à la formation initiale et continue des conseillers prud'hommes.

298 C. Jarrosson, « Préface », *in* J.-Ph. Tricoit, *La médiation judiciaire,* L'Harmattan, 2008, p. 8.

299 P. Giraud, « L'office du juge dans la conciliation et la médiation judiciaires : à la (re)découverte d'un office pluriel », *op. cit.,* p. 90.

300 A. Garapon, S. Perdriolle, B. Bernabé, *La Prudence et l'Autorité, Juges et procureurs du XXIe siècle, op. cit.,* p. 34.

301 *Ibid.,* p. 39.

conflit, les parties collaborent ensemble au rétablissement de leur bien-être personnel, et plus largement à celui d'un bien-être collectif. Elles sont actrices, et non plus spectatrices de la résolution de leur conflit. L'accord de conciliation permet de substituer « au rapport de force » ancré dans le juridictionnel « un rapport de sens »[302].

C'est certainement dans l'acceptation d'une décision contentieuse que la justice traditionnelle éprouve les plus grandes difficultés à convaincre les justiciables de son rôle de « pacificateur social ». La décision judiciaire issue de l'application d'une règle de droit est parfois fondamentalement injuste, voir en totale inadéquation avec l'origine du conflit. Ainsi peut-elle régler le seul aspect judiciairement litigieux du conflit, qui constitue « une infime partie visible de l'iceberg »[303]. La décision judiciaire n'est pas toujours vectrice d'apaisement social, en ce qu'elle n'est une garantie, ni contre un contentieux dans son exécution (car non acceptée par la partie perdante), ni contre de nouvelles animosités qui n'auraient pas été réglées.

L'accord de conciliation non imposé mais « consenti » par les parties règle à la fois un *litige judiciarisé* et son *conflit originel*. Cet accord renforce l'apaisement des relations entre les parties, en ce qu'elle vide en principe cette affaire de tout renouveau conflictuel, dans l'exécution ou dans un retour au judiciaire. Les accords conciliationnels, puisqu'élaborés avec la participation active des parties, ont beaucoup plus de chances d'être spontanément mis à exécution.

Lors des discussions et de la signature de l'accord de conciliation, le tiers conciliateur a tenu compte de la possibilité et probabilité de l'exécution de l'accord. Au-delà de son rôle « d'offrir une solution », il s'assure aussi que cet accord « ménage les relations futures entre les parties, qui préservent le

---

302 Ces propos tenus au sujet de la médiation peuvent être transposés à la conciliation judiciaire : M. Alliot, « Pratiques de médiation interculturelle », *in Médiation et diversité culturelle : pour quelle société ?,* C. Younès et E. Roy (dir.), Karthala, 2002, p. 184.

303 I. Kitamura, « L'avenir de la "justice conciliationnelle" », *op. cit.*, p. 814.

tissu social »[304]. Cette forme de *justice conciliationnelle* garantit ainsi l'effectivité des suites judiciaires. Encore plus durablement, lorsque la décision judiciaire procréé deux perdants irrémédiablement concurrents, la conciliation judiciaire permet de conserver un lien relationnel suffisant[305]. Ne diagnostiquant *ni vainqueur, ni vaincu*[306], elle satisfait aux deux parties en conflit, indépendamment de celle qui aurait été suggérée par le droit[307]. Forme de justice acceptée par les parties, elle est vectrice de paix sociale.

[304] B. Blohorn-Brenneur, « La nouvelle conciliation judiciaire », *op. cit.,* p. 3.
[305] L. Casaux-Labrunée, « La liberté de se réconcilier », *op. cit.,* p. 528s.
[306] A. Bergeaud-Wetterwald, E. Bonis, Y. Capdepon, *Procédure civile, op. cit.,* p. 78.
[307] B. Gorchs, « La conciliation comme 'enjeu' dans la transformation du système judiciaire », *op. cit.,* p. 245.

Chapitre 2
Repenser la justice conciliationnelle

La réappropriation de la conciliation par les juridictions civiles ne touche évidemment pas seulement sa conception. C'est aussi sa place qu'il convient aujourd'hui de (re)construire.

La volonté d'intégrer la conciliation judiciaire à l'institution judiciaire civile et d'évoluer vers une *justice conciliationnelle* traduit moins une *révolution* qu'une *évolution*, tant du point de vue de la perception de l'amiable par le juge[308] que du fonctionnement du système judiciaire[309].

Cette intégration n'est pas envisageable sans des changements profonds au sein des juridictions civiles. Il n'est ainsi pas question d'entreprendre une réforme de la conciliation au sein du Code de procédure civile. Les moyens conférés au juge par le Code sont suffisants pour qu'il puisse mener à bien sa mission de conciliation : pouvoir d'initiative tout au long de l'instance, mesures d'instruction, convocation des parties, délégation etc. Pour reprendre les termes de Montesquieu, il serait de mauvaise politique « de vouloir changer par les lois ce qui doit être changé par les manières »[310].

Bien plus en profondeur donc, il convient d'adapter l'organisation et le fonctionnement des juridictions civiles pour une meilleure réception de l'office conciliationnel du juge, non par les textes, mais au moins dans un premier temps par le renforcement d'une « culture de l'amiable ». Certaines juridictions sont d'ailleurs déjà acclimatées à une pratique

---

[308] Est attendue une *conversion* des juges : d'une profession orientée à la verticalité de la loi à celle fondée sur la réciprocité et la reconnaissance mutuelle. A. Garapon, S. Perdriolle, B. Bernabé, *op. cit.*, p. 42.

[309] M.-C. Rivier (dir.) et Al., *op. cit.*, p. 59.

[310] Montesquieu, *L'esprit des lois,* Livre XX, Chapitre XIV.

conciliationnelle, comme en attestent par exemple la méthode de la double convocation[311], ou bien encore la présence des conciliateurs de justice aux audiences[312].

La conciliation judiciaire doit désormais se frayer un chemin judiciaire qui ne soit pas l'accessoire d'un chemin juridictionnel. Les litiges ne peuvent être objectivement prédéterminés ni à l'un ni à l'autre des offices *conciliationnel* et *juridictionnel* du juge. Ils doivent suivre un chemin procédural unique, après appréciation du mode de règlement subjectivement le plus opportun parmi les deux branches[313]. Étant complémentaires, ces deux voies procédurales ne sont pas irrémédiablement désolidarisées et peuvent de nouveau s'entrecroiser au cours du procès civil (sect. 1).

Les acteurs professionnels du procès civil pourraient donner une impulsion décisive à cette nouvelle procédure conciliationnelle. Il convient donc de redéfinir leur rôle (sect. 2).

---

[311] À la discrétion des chefs de juridiction, la convocation des parties à une audience peut être complétée par une audience de conciliation à une date antérieure, non obligatoire. La seconde audience sera organisée soit aux fins d'homologation de l'accord, soit aux fins de jugement, selon les suites à donner à la première audience de conciliation.

[312] Cette pratique correspond à la possibilité laissée au juge de déléguer sa mission de conciliation à tout moment de la procédure. La présence des conciliateurs de justice à l'audience facilite simplement une telle délégation.

[313] Sur l'adaptation d'un itinéraire procédural unique d'influence conciliationnelle, v. *Annexe n°3.*

Section 1 - Adapter un itinéraire procédural

« Mieux qu'alternatif ou amiable, ne s'agit-il pas de trouver le mode le plus approprié de règlement du différend ? »[314]

Les deux fractions de l'office du juge, trancher et concilier, sont difficilement réalisables simultanément. Ces deux offices ne sont toutefois pas prédestinés à s'articuler chronologiquement et successivement dans le déroulement du procès civil. La conciliation judiciaire n'est pas « la première marche de la justice »[315], mais le segment d'un escalier à double entrée, alternatif au traitement juridictionnel[316].

Aucun des deux modes de règlement n'est le corolaire de l'autre. La question essentielle est celle du mode judiciaire le plus opportun pour le règlement du litige. En tant que figure centrale du procès civil, le juge est habile dans ce choix d'opportunité. Conciliationnel ou juridictionnel ? « Tout est finalement question d'itinéraire »[317] (§ 1).

Une telle organisation du système judiciaire, en double branche, offrirait sans doute l'opportunité de « concilier, voire de réconcilier, les articles 12 alinéa 1 et 21 du CPC »[318] au cœur du procès civil, et permettrait – l'un n'excluant pas l'autre – une meilleure articulation judiciaire entre ces deux offices (§ 2).

---

[314] Propos tenus par N. Belloubet, en préface, *in* L. Casaux-Labrunée et J.-F. Roberge (dir.), *op. cit.*, p. 6.

[315] Expression donnée par Roland Anda (conciliateur au TI. de Fontainebleau) dans une émission consacrée à « La conciliation au crible du chroniqueur judiciaire », dans la série « Justice décodée », sur *France Info*, le 5 mai 2017.

[316] Sur ce chemin procédural en double branche, v. *Annexe n°3.*

[317] L. Casaux-Labrunée, « La liberté de se réconcilier », *op. cit.*, p. 532.

[318] Sur cette conciliation entre office juridictionnel et office conciliationnel v. E. Jeammin-Petit, *La mission de conciliation du juge. Réflexions sur l'office du juge,* Thèse de doctorat en droit, Y. Desdives (dir.), Université de Nantes, 2006.

§ 1 – Choisir le règlement judiciaire opportun

Tous les litiges doivent entrer par la *même porte* du procès civil. C'est ensuite le juge, par une appréciation subjective de la singularité de chaque litige qui les oriente vers la voie judiciaire de règlement la plus appropriée (A). Une telle évaluation réclame une connaissance par le juge de l'ensemble des enjeux du litige et suppose pour les parties un temps de réflexion suffisant afin d'appréhender sereinement les bienfaits d'un règlement conciliationnel. Ces modalités impliquent donc de différer dans le temps l'aiguillage des litiges (B).

A – Appréciation individualisée des litiges

Certains auteurs affirment que c'est le « mode juridictionnel qui doit devenir le mode alternatif de résolution des litiges »[319]. S'opérerait alors un renversement de l'organisation du système judiciaire[320] : l'accord conciliationnel judiciaire serait le principe, la décision juridictionnelle judiciaire l'exception. Cependant, eu égard à la place actuellement occupée par la conciliation judiciaire, cette vision inversée semble, en l'état actuel des choses, relever de l'utopie.

Sans qu'un mode judiciaire de règlement prime sur l'autre, chaque litige a un mode de résolution qui lui est singulièrement approprié.

Il faut à cet égard savoir faire preuve d'une certaine humilité : si le jugement n'est pas toujours adapté au règlement d'un *conflit*, la conciliation judiciaire ne l'est pas nécessairement davantage vis-à-vis du *litige*. L'adéquation du litige à l'amiable n'est pas synonyme d'automaticité, mais d'opportunité. Des auteurs l'expliquent d'ailleurs très clairement : « l'enjeu n'est plus de traquer les contentieux relégables dont on peut soulager les juges

---

319 C. Arens, « Médiation et conciliation, premiers modes de règlement des litiges ? », *op. cit.*, p. 13.
320 V. Rapport de l'IHEJ « La prudence et l'autorité. L'office du juge au XXIe siècle », *op. cit.*, p. 31.

mais de rechercher la manière la plus adéquate et la plus démocratique de résoudre les types de contentieux »[321].

Certains litiges aboutiront à un meilleur règlement dans le cadre d'une discussion tandis que d'autres trouveront une fin par l'application du sceau objectif de la justice. Le rôle du juge est donc d'abord celui d'aiguiller le litige vers le mode de règlement qui lui paraîtra le plus opportun[322]. Il lui revient de trancher les litiges quand il est nécessaire de dire le droit[323] ; de rapprocher les parties lorsqu'il est possible d'établir un dialogue en vue de la conciliation.

Le choix entre ces deux alternatives est notamment tributaire de l'appréciation de la position des parties, du ressenti qui les anime d'obtenir une réponse judiciaire. Il convient aussi d'envisager dans quelle mesure elles accepteraient un mode de règlement judiciaire. Indéniablement, la conciliation est davantage propice à certains types de litiges. Près d'une tentative de conciliation sur quatre porte sur un litige de consommation, une sur cinq sur des problèmes de voisinage et un peu moins d'une sur cinq concerne un bail d'habitation[324]. Selon Christophe Mollard-Courtau[325], la conciliation serait opportune pour les litiges avec un faible enjeu financier, mettant en cause des parties « contraintes » de maintenir des liens sur le long terme[326].

Ces quelques données ne sauraient toutefois constituer une loi générale. Catégoriser des litiges opportuns ou non à la conciliation serait une approche quelque peu simpliste de la

---

[321] A. Garapon, S. Perdriolle, B. Bernabé, *La Prudence et l'Autorité, Juges et procureurs du XXIe siècle, op. cit.*, p. 34.

[322] V. Donier et B. Lapérou-Scheneider (dir.), *La régulation par le juge de l'accès au prétoire,* Dalloz, 2013, p. 292.

[323] B. Gorchs, « La conciliation comme 'enjeu' dans la transformation du système judiciaire », *op. cit.,* spéc. p. 234.

[324] V. « L'activité des conciliateurs de justice en 2015 », InfoStat Justice, *Bulletin d'information statistique,* fév. 2017, n°148.

[325] C. Mollard-Courtau, « La recherche d'un accord équitable en matière de conciliation : entre liberté, équité et droit », *op. cit.,* p. 2-3.

[326] C'est notamment le cas concernant les litiges de voisinage, les droits de propriété, les relations contractuelles durables (contrats de bail, de travail, de consommation) ou une relation entre des personnes divorcées en présence d'enfants.

mission de conciliation du juge[327]. Le juge doit-il limiter le recours à la conciliation aux « petits litiges du quotidien » et extraire d'une telle initiative les litiges dont l'enjeu financier est plus conséquent ou la question juridique plus complexe ? Assurément non. Ne doivent pas être confondus « faible montant, ressenti de la victime et qualification juridique du litige »[328]. Prédestiner, de manière objective, le mode approprié de règlement des litiges, ce serait aller à l'encontre de l'objectif même des modes amiables, qui n'est autre qu'une appréciation et une résolution subjective du litige. Tous les litiges font l'objet d'une orientation par le juge en amont du procès civil, vers un mode de règlement judiciaire adéquat. Il s'agirait donc d'instituer, dès le début du procès civil, une sorte de « chambre judiciaire d'orientation des affaires »[329], à la tête de laquelle se trouverait un juge, ou un conciliateur de justice doté d'un rôle renforcé au sein de l'institution judiciaire.

B – Anticipation de l'orientation du différend

Le Code de procédure civile confie la mission au juge de déterminer de l'opportunité temporelle d'une conciliation, « au lieu et au moment que le juge estime favorables »[330].

Pourtant, telle qu'elle est présentée par le code, cette initiative prend racine au cœur d'une procédure juridictionnelle à connotation contentieuse. La mission de conciliation du juge serait donc *greffée, juxtaposée* sur sa mission juridictionnelle[331]. Elle n'en serait que le « corolaire », un office potentiel et

---

[327] B. Gorchs, « La conciliation comme 'enjeu' dans la transformation du système judiciaire », *op. cit.,* p. 250.

[328] C. Mollard-Courtau, « La tentative de conciliation obligatoire préalable à la saisine du tribunal d'instance adoptée par le Parlement : enjeux et limites », *LPA* n°237, 28 nov. 2016, p. 12.

[329] V. *Annexe n°3.*

[330] C. pr. civ., art. 129, al. 1.

[331] V. « Office du juge », *in* L. Cadiet (dir.), *Dictionnaire de la Justice, op. cit.,* p. 925s.

« secondaire »[332]. Plus encore, érigée en *préalable* ou *préliminaire,* elle serait la « première étape » d'une procédure juridictionnelle[333]. Or, comme nous l'avons précédemment évoqué, la conciliation ne doit pas prendre naissance au cours du contentieux : elle n'est en rien son accessoire mais une seconde forme de justice au cœur du procès civil.

L'aiguillage du litige par le juge vers le mode de règlement approprié se ferait donc en amont du procès civil, avant que le litige ne soit déjà ancré dans la voie contentieuse. Toutefois, il ne paraît guère judicieux de prévoir cette modalité avant l'instruction même de l'affaire[334]. En effet, ni le juge ni les parties ne sont en mesure, à cet instant du procès civil, de maîtriser la matière du litige. Il importe donc, le temps d'une « mise à plat » de l'affaire, de différer le choix du mode de règlement judiciaire pour permettre au juge de choisir, à la lumière d'une connaissance approfondie, la voie de règlement opportune.

Ce délai est aussi utile aux parties pour appréhender l'opportunité d'une éventuelle conciliation. Comme nous l'avons évoqué, l'entrée des parties dans le procès civil entraîne de fait la mutation d'un *conflit factuel* en un *litige judiciarisé* (« litigiosité du conflit »)[335]. Cette nouvelle perspective ne va pas sans la nécessité de clarification et d'instruction des prétentions respectives des parties[336]. Or, le seuil de l'instance et notamment

---

[332] P. Giraud, « L'office du juge dans la conciliation et la médiation judiciaires : à la (re)découverte d'un office pluriel », *op. cit.,* p. 87.

[333] Sur les préliminaires comme « impératif légal conciliationnel » imposé au juge, v. supra Partie I, Ch. 2, Sect. 1, §1.

[334] Pour que l'orientation des litiges vers un mode judiciaire de règlement soit la plus opportune, les juges ou conciliateurs de justice composant la *chambre judiciaire d'orientation des litiges* doivent s'être préalablement saisis de l'affaire. Une forme de « mise en état » de tous les litiges, dès le début du procès civil rendrait possible cette maitrise du litige. V. *Annexe n°3.*

[335] S. Amrani-Mekki, *Le temps et le procès civil, op. cit.,* p. 350s.

[336] Béatrice Gorchs explique que lors de l'instruction de l'affaire « des zones d'ombres s'éclaircissent, la position de l'adversaire se précise et la confrontation avec ses propres arguments se fait plus naturellement ». V. B. Gorchs, « La conciliation comme 'enjeu' dans la transformation du système judiciaire », *op. cit.,* spéc. p. 251.

le préliminaire de conciliation, s'accommodent d'un certain empressement, empressement rédhibitoire pour générer un accord entre les parties. Leur position ne saurait être précisément arrêtée et éclairée : elles n'ont pas encore connaissance de leur place, ignorent les enjeux du litige et les droits dont elles pourraient se prévaloir. Les parties s'attachent alors aveuglément à l'argumentation juridique contentieuse construite par leurs avocats. En outre, alimentant parfois l'aigreur et le ressentiment, l'échec de la conciliation ne manque pas d'envenimer l'origine conflictuelle du litige, chacune des parties imputant cet échec à l'autre[337].

Accepter l'éventualité d'une conciliation suppose donc que les parties aient déjà été en mesure d'évaluer *les risques du procès,* autant que ses *chances de succès*[338]. « Un minimum d'échanges contradictoires »[339] est alors nécessaire pour nourrir cette appréciation. À ce titre, la vertu conciliatoire de l'expertise a fait ses preuves. Elle constitue un contexte privilégié de conciliation, en ce que les parties envisagent plus clairement « leur position par rapport au litige et la manière dont le juge pourrait le régler »[340]. Le juge n'est cependant pas autorisé à déléguer une telle *mission conciliatoire* à un expert[341]. Sans pouvoir recueillir l'accord des parties, ce dernier doit s'en tenir au constat que sa mission est devenue sans objet[342].

---

[337] L. Degos, « Réforme de la justice : le gouvernement se trompe de direction ! », *op. cit.,* p. 4.

[338] G. Bolard, « De la déception à l'espoir : la conciliation », *op. cit.,* p. 51s.

[339] P. Théry, « Observations sur les propositions de modifications de la procédure civile », *in Réformer la justice civile. Séminaire de droit processuel,* C. Chanais et X. Lagarde (coord.), Actes du colloque du 6 fév. 2018, *La Semaine Juridique* n°13, 26 mars 2018, p. 27.

[340] L. Cadiet, T. Cay, *Les modes alternatifs de règlement des conflits, op. cit.,* p. 90.

[341] C. pr. civ., art. 240 : « Le juge ne peut donner au technicien mission de concilier les parties ».

[342] C. pr. civ., art. 281 : « Si les parties viennent à se concilier, l'expert constate que sa mission est devenue sans objet ; il en fait rapport au juge. Les parties peuvent demander au juge de donner force exécutoire à l'acte exprimant leur accord ».

À la lumière de la pratique conciliatoire japonaise, cette instruction de l'affaire pourrait aboutir à « une audience de débats et de conciliation »[343]. Sous forme de table ronde non solennelle, les intéressés et le juge aborderaient le fond de leur litige et les suites pouvant en découler. Cette « vulgarisation » des points litigieux pourrait contribuer à une sensibilisation des parties aux avantages d'une possible conciliation. C'est donc à l'issue d'une telle « audience » - les parties étant suffisamment informées des hypothèses quant aux suites du procès - que le litige pourrait être orienté vers la voie judiciaire de règlement la plus adaptée.

§ 2 – Améliorer les passerelles procédurales

L'orientation du litige vers un mode juridictionnel de règlement est remédiable[344]. La conciliation peut se satisfaire des longueurs de la procédure pour au moins une raison : elle offre aux parties un temps plus long pour éventuellement modifier leur position, voire reconsidérer l'éventualité d'une conciliation. Les parties prenant conscience de la fragilité de leurs arguments respectifs[345] peuvent accueillir de manière plus positive l'initiative du juge en matière de conciliation, tout au long du reste de l'instance. Ce nouvel aiguillage du juge les oriente alors sur la voie de la conciliation. Le pouvoir du juge de proposer une tentative de conciliation facilite le passage de la voie *juridictionnelle* à la voie *conciliationnelle.*

À l'inverse, l'échec d'une conciliation judiciaire amène théoriquement les parties à se rediriger vers la voie contentieuse. Cet acheminement du *conciliationnel* vers le *juridictionnel* n'est

---

343 V. I. Kitamura, « Audience de débats et de conciliation ? (Genèse et transformations possibles d'une pratique japonaise) », *op. cit.*

344 V. *Annexe n°3.*

345 T. Andrieu, « Chantiers de la justice : pour une nouvelle donne procédurale », *in Réformer la justice civile. Séminaire de droit processuel,* C. Chanais et X. Lagarde (coord.), Actes du colloque du 6 fév. 2018, *La Semaine Juridique* n°13, 26 mars 2018, p. 11.

pas si accommodante ; ce passage suppose un « renouveau judiciaire », le recommencement d'une procédure (B).

D'un point de vue plus optimiste, la voie initiale *conciliationnelle* peut avoir prospérée. Dans pareil cas, la délivrance d'extraits du procès-verbal dressé par le juge suffit à délivrer aux parties un titre exécutoire. En revanche, lorsque la conciliation a été menée par le conciliateur de justice sur délégation du juge, la force exécutoire du constat d'accord ne sera conférée que par l'homologation du juge. Les parties devront donc, si elles souhaitent que leur soit délivré un tel titre exécutoire, saisir à nouveau le juge aux fins d'entamer une seconde procédure (A).

La voie conciliationnelle, qu'elle ait ou non découlé sur un succès, ne deviendra pertinente au cœur des institutions judiciaires civiles que par la construction de passerelles simplifiées avec les autres fonctions du juge civil.

A – Homologation du constat d'accord

Contrairement au procès-verbal de conciliation issu d'une conciliation menée directement par le juge, le conciliateur de justice rédige un constat d'accord[346]. L'autorité de cet acte ne peut être renforcée que par l'homologation du juge. La saisine facultative du juge à fin d'homologation[347] donne lieu à un traitement de l'affaire selon une nouvelle procédure, « commune » en termes de circuit et de délais. Une ou les parties devront alors déposer une requête, impliquant une nouvelle procédure, distincte de la précédente.

L'objectif de la justice de rétablir la paix sociale commande une certaine souplesse organisationnelle. Non seulement entre conciliations judiciaire et extrajudiciaire, mais aussi de manière « *intra-judiciaire* », par la simplification d'un circuit conciliationnel.

La conciliation constitue un mode de règlement à part entière, dont la procédure doit se suffire à elle-même, sans que les parties

---

346 C. pr. civ., art. 130.

347 C. pr. civ., art. 131, al. 2.

n'aient à introduire une nouvelle procédure. Faire de l'homologation du constat d'accord « la suite logique » de la tentative de conciliation et pas seulement une action *procéduralement* accessoire, c'est faire en sorte de convaincre le justiciable que son litige a été réglé de manière définitive par la conciliation. Qu'en conséquence, la conciliation judiciaire étant un mode de règlement judiciaire autosuffisant comme l'est le jugement, il n'a nul besoin d'impulser d'autres suites judiciaires. Ce faisant, limiter la multiplication des procédures pourrait aussi contribuer à réduire la densité des flux judiciaires. L'instauration d'un « circuit court »[348] pour l'homologation de l'accord issu d'une conciliation judiciaire gagnerait ainsi en efficacité et attractivité. Prévoir un circuit prioritaire de réenrôlement du dossier devant le juge était d'ailleurs une des propositions d'un rapport rendu en 2015[349]. Cette proposition ne semble pas avoir été retenue : l'aiguillage vers une voie conciliationnelle de règlement au cours d'une première procédure ne donne pas priorité aux parties dans le réenrôlement de leur affaire à la première audience utile.

B – Saisine du juge à fin de jugement après l'échec de conciliation

« Choisir, est-ce renoncer ? »[350]

Assurément, opter pour la voie conciliationnelle de règlement du litige n'implique pas de renoncer à son traitement juridictionnel. L'office *conciliationnel* du juge n'est pas exclusif

---

[348] L. Casaux-Labrunée et J-F. Roberge (dir.), *Pour un droit du règlement amiable des différends (des défis à relever pour une justice de qualité), op. cit.,* p. 159. Pour une simplification de la procédure d'homologation de l'accord de conciliation par le juge, v. *Annexe n°3.*
[349] V. Rapport sur « Le développement des modes amiables de règlement des différends », *op. cit.,* spéc. p. 7.
[350] « *Choisir, c'est renoncer* », citation attribuée à André Gide : « choisir, c'était renoncer pour toujours, pour jamais, à tout le reste et la quantité nombreuse de ce reste demeurait préférable à n'importe quelle unité », *Les Nourritures terrestres*, 1897.

de son office *juridictionnel.* Puisque concourant ensemble à la paix sociale, leur assemblage institutionnel ne devrait être que procéduralement simplifié (1). En tout état de cause, devoir de confidentialité et exigence d'impartialité du juge assurent aux parties leur distinction procédurale (2).

1 – Saisine simplifiée du juge

Un désistement d'action ou d'instance par suite à un échec d'une tentative de conciliation n'est-elle pas (presque) anecdotique ? Les parties rejoignent le plus souvent la voie juridictionnelle de règlement des litiges. Retournant ainsi à la « case départ » du procès civil, au début du circuit contentieux, elles devront attendre de nouveau que leur dossier soit mis en état puis audiencé[351].

L'échec d'une tentative de conciliation judiciaire ne devrait pourtant pas avoir pour effet de « pénaliser » les parties dans cette seconde voie contentieuse. Cette occurrence exige une certaine fluidité du passage du conciliationnel au juridictionnel. Un cadre simplifié et accéléré de leur articulation est indispensable à l'attractivité de la conciliation[352]. Sinon, quel serait l'intérêt pour les parties de s'exposer au risque d'un doublement du temps de leur procédure ? Il ne s'agit pas d'un mode amiable extrajudiciaire dont la saisine du juge serait « la suite logique », mais d'une « autre façon de faire la justice »[353] déjà au cœur de l'institution judiciaire civile. L'alternative doit laisser place à « l'alternance, voire à une coopération du juridictionnel et de l'amiable »[354].

Ces « passerelles simplifiées » entre conciliationnel et juridictionnel semblent être peu développées au sein du Code de

---

[351] V. Rapport sur « Le développement des modes amiables de règlement des différends », *op. cit.,* spéc. p. 36.

[352] V. *Annexe n°3.*

[353] I. Kitamura, « L'avenir de la "justice conciliationnelle" », *op. cit.*, spéc. p. 805.

[354] T. Clay, « La mise en état conventionnelle et la césure du procès », *op. cit.,* p. 64.

procédure civile. Prenons un exemple : devant le tribunal d'instance, le demandeur qui a provoqué une tentative *préliminaire* de conciliation pourra, le cas échéant, saisir le juge aux fins de jugement, par une simple déclaration au greffe, quand bien même le montant de la demande excéderait 4000€[355]. Cette procédure est simplifiée, puisque sans cette disposition, le demandeur aurait dû former sa demande en justice sous une autre forme, notamment l'assignation, rallongeant les délais de procédure. Cette possibilité est toutefois conditionnée temporellement, dans la mesure où la demande doit être formée dans le mois suivant l'audience à l'issue de laquelle a été constaté l'échec de la conciliation. De la même façon, l'échec du préliminaire de conciliation en matière de divorce (ou séparation de corps) se poursuivait par l'assignation de l'autre époux devant le juge aux affaires familiales. Une nouvelle procédure contentieuse prenait alors naissance, certes devant le même juge. Cet exemple n'est toutefois plus d'actualité, cette forme de préliminaire de conciliation ayant été supprimée par la loi de programmation 2018-2022[356].

2 – Exigences de confidentialité et d'impartialité

Si voies conciliationnelle et juridictionnelle doivent procéduralement coexister, ce rapprochement ne signifie pas que le traitement juridictionnel du litige soit le prolongement de la tentative conciliationnelle. Devoir de confidentialité sur le déroulement de la conciliation (a) et impartialité du juge appelé à trancher le litige (b) désolidarisent le traitement juridictionnel du litige de la première tentative conciliationnelle.

(a) Devoir de confidentialité - Le devoir de confidentialité se réfère au bon fonctionnement de la conciliation judiciaire

---

[355] C. pr. civ., art. 836, al. 3. La saisine du juge par déclaration au greffe est normalement « réservée » aux demandes n'excédant pas 4000€ (C. pr. civ., art. 843s.).

[356] Supprimée par l'art. 22 de la L. n°2019-222 du 23 mars 2019 de programmation 2018-2022 et de réforme pour la justice.

déléguée. Il garantit qu'en cas d'échec de la conciliation, les constatations ou déclarations recueillies durant sa tentative ne soient ni révélées ni produites dans la procédure contentieuse[357]. Cette obligation est la garantie d'une parole libre des parties durant la conciliation[358], l'assurance de ne pas avoir l'impression d'un « jugement anticipé »[359].

Cette obligation de confidentialité marque la rupture des règlements *conciliationnel* et *juridictionnel* et peut s'opposer à un fonctionnement harmonieux des juridictions civiles. Elle impose au magistrat appelé à trancher le contentieux de recommencer une nouvelle instruction du dossier[360]. La forme de « mise en état » antérieure à l'orientation du litige et à la tentative de conciliation, précédemment évoquée, permettrait ainsi de servir aux deux formes de justice, dans l'éventualité d'un tel échec de conciliation. Seuls les documents « personnels » ou « non juridicisables » produits par les parties au cours de la conciliation ne seraient pas communiqués au juge chargé de la phase juridictionnelle.

(b) Impartialité du juge - L'exigence d'impartialité se pose dans le cas d'une conciliation menée directement par le juge. La question sous-entendue est celle de savoir si le juge qui a mené la conciliation, à défaut de celle-ci, est en mesure de connaître ce litige sous un nouvel angle juridictionnel ? Il existe des hypothèses légales dans lesquelles le juge exerce successivement ses offices conciliationnel et juridictionnel. Devant le tribunal paritaire des baux ruraux, par exemple, le préliminaire de conciliation est conduit par la juridiction dans sa formation collégiale[361]. De même, devant le Tribunal d'instance, lorsque la

---

357 Cette obligation du conciliateur de justice peut toutefois être tempérée par l'accord des parties (C. pr. civ., art. 129-4, al. 2).
358 C.-P. Barrière, « L'obligation du secret entre les juges d'instance et les conciliateurs de justice », *Gaz. Pal.* n°234, 22 aout 2002, p. 2.
359 B. Beignier, L. Miniato, *Institutions judiciaires,* Lextenso/LGDJ, 17e éd. 2018, p. 369.
360 C.-P. Barrière, « L'obligation du secret entre les juges d'instance et les conciliateurs de justice », *op. cit.,* p. 2.
361 C. pr. civ., art. 887, al. 1.

conciliation est menée par le juge, l'affaire pourra être jugée immédiatement si les parties y consentent[362]. Enfin, le juge aux affaires familiales est successivement conciliateur, juge de la mise en état et juge du fond[363].

Le risque est celui que le juge soit partial lors du traitement contentieux du litige, influencé par des préjugés et/ou préjugements élevés durant la tentative de conciliation. Après avoir instauré ou rétabli le dialogue entre les parties, le juge peut d'ailleurs parfaitement laisser entendre son intime conviction[364]. L'hypothèse de l'échec de conciliation exigerait-elle donc une forme d'impartialité fonctionnelle, une séparation des fonctions de conciliation et de jugement, à la lumière de la séparation des fonctions d'instruction et de jugement du juge, affirmé depuis de longues dates par la Cour européenne des Droits de l'Homme[365] ? Ni la Cour de Strasbourg, ni le Code de procédure civile n'ont pour l'instant apporté de réponse à ce sujet.

La première réponse à cette préoccupation serait de mettre fin à la conciliation directe menée par le juge, notamment pour recentrer son activité sur son office juridictionnel, et de confier cette mission à des conciliateurs de justice. L'absence de garantie textuelle tenant à l'impartialité du juge justifierait donc une délégation « de fait » de la mission de conciliation à un conciliateur de justice[366]... Cette solution est d'autant plus inconcevable qu'elle occulterait la seconde fraction de l'office du juge, issue de l'article 21 du Code de procédure civile. Des auteurs ont alors proposé d'insérer un article 127-1 au sein du Code de procédure civile[367], lequel disposerait : « En cas d'échec

---

362 C. pr. civ., art. 835, al. 1.

363 P. Giraud, « L'office du juge dans la conciliation et la médiation judiciaires : à la (re)découverte d'un office pluriel », *op. cit.*, p. 91.

364 A. Bergeaud-Wetterwald, E. Bonis, et Y. Capdepon, *Procédure civile, op. cit.*, p. 87s.

365 À titre d'ex. : CEDH, *Morel c. France,* 6 juin 2000, n°34130/96.

366 L. Cadiet, T. Clay, *Les modes alternatifs de règlement des conflits, op. cit.*, p. 92.

367 L. Casaux-Labrunée et J-F. Roberge (dir.), *Pour un droit du règlement amiable des différends (des défis à relever pour une justice de qualité), op. cit.*, p. 141.

de la conciliation menée directement par le juge, ce dernier ne saurait trancher le litige appelé à être jugé ».

Une telle consécration textuelle de l'exigence d'impartialité permettrait de sécuriser l'articulation entre la tentative conciliationnelle et le règlement juridictionnel du litige. Mais cette « incompatibilité fonctionnelle » supposerait aussi une augmentation substantielle des effectifs et une disponibilité accrue des magistrats. Une réforme ambitieuse pourrait alors envisager la création de « juges conciliateurs spécialisés » exclusivement missionnés pour assurer la conciliation au sein des juridictions...

Section 2 - Redéfinir les rôles des acteurs du procès civil

La pertinence de la conciliation judiciaire repose sur des acteurs professionnels en charge de la mission.

La mission de conciliation a été confiée au juge par l'article 21 du Code de procédure civile, en lui permettant toutefois de déléguer cette mission à un conciliateur de justice. Il pourrait être argué qu'un juge délègue sa mission au motif qu'« il n'est pas toujours le mieux placé pour l'accomplir »[368]. Cependant, confier une mission directrice du procès civil au juge et revenir sur cette disposition par la technique de la délégation serait un énigmatique paradoxe mis en place par le législateur…

Moins qu'une déconsidération de l'office du juge, on peut y voir un renforcement du rôle du conciliateur de justice en matière de conciliation judiciaire. L'évolution de son statut ferait de lui un nouveau mandataire direct de l'article 21 du Code de procédure civile, aux côtés du magistrat professionnel (§ 1). Par ailleurs, le juge, qu'il soit un juge professionnel ou nouveau « juge conciliateur », même s'il est l'acteur privilégié de la conciliation judiciaire, ne peut mener à bien cette mission seul.

---

368 Y. Desdives, « Remarques sur la place de la conciliation dans les textes récents de procédure civile », *Recueil Dalloz,* 1981, p. 243.

L'effectivité de la conciliation au sein des juridictions civiles oblige à ce que le juge s'entoure d'autres *collaborateurs conciliationnels*, tels que le médiateur et l'avocat (§ 2).

§ 1 – Le conciliateur de justice, nouveau mandataire de l'art. 21

La conciliation judiciaire n'est plus l'exclusivité du juge : elle est aussi une fonction du conciliateur de justice[369]. Au fil des réformes successives, le législateur semble avoir voulu faire des conciliateurs de justice des acteurs « semblables » aux magistrats dans la mission de conciliation. Par exemple, en témoigne la suppression du consentement des parties requis à la délégation depuis 2015[370].

Les magistrats, même sans avoir le temps d'exercer eux-mêmes la mission de conciliation, restent cependant réticents à l'idée de voir leurs pouvoirs « démembrés »[371]. Les conciliateurs de justice étant en mesure d'exercer la même mission qu'eux, ils interprètent la conciliation judiciaire déléguée comme un « déclassement de leur statut »[372]. À cet égard, le rôle que joue le

---

[369] T. Coustet, « Conciliateur : un auxiliaire de justice en voie de développement », *Dalloz actualité,* 19 nov. 2018, Catégorie « Profession juridique et judiciaire », www.dalloz-actualite.fr

[370] Le D. n°2015-282 du 11 mars 2015 relatif à la simplification de la procédure civile, à la communication électronique et à la résolution amiable des différends a permis au juge de décider s'il mène lui-même la conciliation ou la délègue, sans avoir à obtenir le consentement des parties. À titre d'exs., v. les modifications textuelles concernant le TPBR (C. pr. civ., art. 887, al. 2) ; le TI (C. pr. civ., art. 830 et 831).

[371] Cette réticence peut d'ailleurs être une nouvelle explication au faible pourcentage de 10% de conciliation déléguée sur la totalité de l'activité des conciliateurs de justice. Ph. Boulisset, Ch. Couchet, E. Moutet (part.), *Guide de la conciliation, op. cit.,* p. 60.

[372] A. Garapon, S. Perdriolle, B. Bernabé, *La Prudence et l'Autorité, Juges et procureurs du XXIe siècle, op. cit.,* p. 287s.

conciliateur de justice en matière de conciliation judiciaire se doit d'être légitimé auprès des magistrats, comme des justiciables[373].

En d'autres termes, la conciliation déléguée ne doit plus être un « aparté parajudiciaire » de la conciliation[374] mais devenir une conciliation « purement » judiciaire. Ce rôle accru appelle d'abord à une reconsidération de la fonction de conciliateur de justice (A). Ce changement justifierait de lui conférer un nouveau statut, de « juge conciliateur spécialisé »[375] pour faire de lui une nouvelle figure centrale de l'article 21 du Code de procédure civile (B).

A – Une fonction judiciaire pour le conciliateur de justice

Les conciliateurs de justice mettent en œuvre deux natures de conciliations, *extrajudiciaire* et *judiciaire*. La séparation de ces deux types de conciliations ferait entrer davantage une fraction des conciliateurs de justice au sein de l'institution judiciaire (1). Serait ensuite question de redéfinir la fraction judiciaire de la fonction (2).

1 – Spécialisation judiciaire de la fonction

Les conciliations *judiciaire* ou *extrajudiciaire* sont menées par des conciliateurs de justice dont le statut est en tout état de cause régi par le décret du 20 mars 1978[376]. Cependant, tel que l'exprime Christophe Mollard-Courtau, les conciliateurs de justice, qu'ils interviennent dans l'un ou l'autre cadre, ne jouent

---

[373] C. Mollard-Courtau, « Justice et conciliateur : les exclus du grand débat national… », *Village de la justice,* 12 fév. 2019, www.village-justice.com

[374] Sur la qualification de « conciliation déléguée parajudiciaire », v. *supra*, Partie I, Ch. 1, Sect. 2, §2.

[375] L. Casaux-Labrunée et J-F. Roberge (dir.), *op. cit.,* p. 140-141.

[376] D. n°78-381 du 20 mars 1978 relatif aux conciliateurs de justice.

fondamentalement pas le même rôle[377]. En matière de conciliation extrajudiciaire, le rôle du conciliateur se rapproche davantage de celui d'un médiateur, intervenant préalablement à la litigiosité du conflit. En matière de conciliation judiciaire, il s'agit davantage d'un véritable auxiliaire de justice, dont la mission est placée sous l'égide du juge et en lien direct avec l'institution judiciaire civile, car menée en son cœur. Il est moins indépendant, les contours de sa mission étant définis par le juge, auquel il doit rendre compte de sa mission. Ne serait-il opportun d'envisager une subdivision du statut du conciliateur de justice : les uns compétents pour la conciliation judiciaire, les autres pour l'extrajudiciaire, dont la séparation des fonctions serait matérialisée par deux corps de textes pour chaque type de conciliation ?

Le décret du 1er octobre 2010[378] a esquissé une première disjonction entre les deux natures d'intervention des conciliateurs de justice. La conciliation judiciaire déléguée, régie à l'origine par le décret du 20 mars 1978, relève depuis 2010 du Code de procédure civile[379]. Bien plus qu'une réorganisation textuelle, son insertion a consacré symboliquement le conciliateur de justice comme un véritable acteur du procès civil. Cette première distinction textuelle est toutefois encore insuffisante pour opérer une séparation fonctionnelle des conciliateurs de justice. Les deux types de conciliation s'entremêlent, dans deux corps de textes qui – peut-être – devraient leur être propres. D'une part, car le statut des conciliateurs de justice intervenant sur délégation du juge, renvoi toujours au décret de 1978. D'autre part, la définition de la conciliation extrajudiciaire, dite '*conventionnelle*', est-elle aussi

---

[377] C. Mollard-Courtau, « La tentative de conciliation obligatoire préalable à la saisine du tribunal d'instance adoptée par le Parlement : enjeux et limites », *op. cit.*

[378] D. n°2010-1165 du 1er oct. 2010 relatif à la conciliation et à la procédure orale en matière civile, commerciale et sociale.

[379] Les dispositions relatives à la conciliation déléguée ont été insérées dans un titre VI, « *La conciliation* », dispositions communes à toutes les juridictions. Conséquemment, la partie de l'art. 5 du D. n°78-381 qui prévoyait la saisine du conciliateur de justice par l'autorité judiciaire a été abrogée.

ancrée dans le Code de procédure civile, précisément à l'article 1530[380].

Outre une séparation textuelle, la différenciation des professions pourrait conduire à l'installation des bureaux des conciliateurs chargés des conciliations déléguées au sein même des tribunaux ; en revanche, les conciliateurs chargés de la conciliation 'extrajudiciaire' continueraient d'exercer leur mission dans les mairies, points d'accès au droit ou maisons de la justice et du droit.

2 – Professionnaliser les conciliateurs

Le statut du conciliateur de justice intervenant en matière de conciliation déléguée a besoin d'être modernisé afin de coïncider avec une forme de justice conciliationnelle. Ils doivent être considérés comme de « véritables membres de la juridiction ».

Revaloriser l'activité du conciliateur de justice nous semble devoir aller de pair avec la reconnaissance d'une profession judiciaire à part entière. En l'état actuel des choses, la mission du conciliateur de justice s'inscrit davantage dans le cadre d'une « seconde vie professionnelle » ou d'une « fin de carrière ». Trois conciliateurs sur quatre sont des cadres à la retraite[381], et 17,5% des conciliateurs ont plus de 76 ans[382]. L'expérience

---

[380] C. pr. civ., art. 1530 : « La médiation et la conciliation conventionnelles régies par le présent titre s'entendent, en application des articles 21 et 21-2 de la loi du 8 février 1995 susmentionnée, de tout processus structuré, par lequel deux ou plusieurs parties tentent de parvenir à un accord, en dehors de toute procédure judiciaire en vue de la résolution amiable de leurs différends, avec l'aide d'un tiers choisi par elles qui accomplit sa mission avec impartialité, compétence et diligence ».

[381] Sont majoritairement nommés d'anciens juges, notaires ou enseignants à la retraite. V. « L'activité des conciliateurs de justice en 2015 », *InfoStat Justice, Bulletin d'information statistique,* fév. 2017, n°148.

[382] V. Rapport du Sénat n°121 du 28 oct. 2015, fait au nom de la commission des lois constitutionnelles, de législation, du suffrage

juridique d'au moins trois ans prescrite lors du recrutement des conciliateurs est donc en principe largement dépassée[383]. Émanant d'anciens professionnels, cette « bonne volonté » est tout à leur honneur. Cependant, elle ne saurait ainsi suffire en matière de conciliation judiciaire. Les contentieux atteignent aujourd'hui un niveau de complexité grandissant : l'évolution continue des normes de droit interne autant que l'influence du droit communautaire et international exigent désormais un niveau de spécialisation juridique de plus en plus élevé[384]. Faire entrer convenablement la conciliation déléguée dans le champ de l'article 21 du Code de procédure civile passerait notamment par une mixité des candidats.

Les conciliateurs, de par leurs expériences professionnelles, ont indéniablement des qualités humaines indispensables à la mission de conciliation : « le bon sens, la faculté d'écoute, la disponibilité et l'aptitude à être attentif aux situations très diverses qui leur sont soumises » [385]. La mise en situation de ces qualités sociales suffit-elle à garantir l'efficience de la justice conciliationnelle ? *Le savoir-être* mais aussi *le savoir-faire* du conciliateur de justice s'enrichissent nécessairement d'un approfondissement des connaissances juridiques, attestant d'un niveau de compétence, et lui conférant une légitimité renforcée. Ainsi se comprend l'offre de formations facultatives dispensées

---

universel, du règlement et d'administration générale sur le projet de loi portant application des mesures relatives à la justice du XXIe siècle.

383 Art. 2 du D. n°78-381 du 20 mars 1978 relatif aux conciliateurs de justice : « Peuvent être nommés conciliateurs de justice les personnes justifiant d'une expérience en matière juridique d'au moins trois ans, que leur compétence et leur activité qualifient particulièrement pour l'exercice de ces fonctions ».

384 J. Poumarède, « Conclusion : faut-il élire les juges ? », *in La légitimité des juges*, Presses de l'université des Sciences sociales de Toulouse, Travaux de l'IFR – Mutations des normes juridiques, n°1, 2003, p. 213-224, spéc. p. 220-221.

385 Propos tenus par N. Belloubet, « La mission noble des conciliateurs : faire régner la paix entre les hommes », lors des 40 ans de la conciliation, célébrés par le ministère de la justice, le 20 mars 2018.

par l'École Nationale de la Magistrature (ENM)[386]. Poussant plus loin encore cette exigence, le législateur a rendu obligatoire (à compter du 1er janvier 2019) le suivi de journées de formation, initiale puis continue[387], à l'échelle de plusieurs années. Ces formations s'inscrivent dans une logique d'accompagnement technique et juridique[388]. Si le décret ne prévoit aucune sanction directe en cas de manquement à cette obligation, le conciliateur s'expose à une non-reconduction de ses fonctions, à l'appréciation du premier président de la cour d'appel[389]. S'agissant d'un conciliateur de 76 ans, on peut légitimement s'interroger sur la force de dissuasion d'une telle sanction…

B – Modernisation du statut du conciliateur de justice

Pour exercer sa fonction efficacement et surtout légitimement, le statut du conciliateur de justice nécessite une modernisation. Entériner sa place au cœur de l'article 21 du Code de procédure civile suppose un nouveau statut, autrement plus audacieux (1), lequel lui attribuerait une place de premier plan, aux côtés du magistrat professionnel, dans la mission judiciaire conciliationnelle (2).

1 – Créer un statut judiciaire de « juge conciliateur »

Le conciliateur de justice est sans conteste un acteur en lien avec la mission de conciliation de l'article 21 du Code de

---

386 T. Coustet, « Conciliateur : un auxiliaire de justice en voie de développement », *op. cit.*

387 Art. 3-1 du D. n°78-381 du 20 mars 1978 relatif aux conciliateurs de justice, créé par l'art. 4 du D. n°2018-931 du 29 oct. 2018.

388 Ces formations permettent d'accompagner le conciliateur nouvellement désigné, d'avoir une vue d'ensemble de sa fonction (statut, devoirs, déontologie), de renforcer sa technique de rédaction des constats d'accord et de renforcer ses savoirs dans divers thématiques (troubles du voisinage, droit de propriété, droit de la consommation…).

389 Art. 3, al. 2, du D. n°78-381 du 20 mars 1978 relatif aux conciliateurs de justice, modifié par l'art. 3 du D. n°2018-931 du 29 oct. 2018.

procédure civile, de par la délégation qu'opère le juge. Le conciliateur de justice est d'ailleurs désormais l'une des « clés de voute d'une justice de proximité citoyenne »[390] et permet indéniablement de pallier le manque de temps des juges. Son immixtion transforme toutefois la nature de la conciliation : de judiciaire, elle devient parajudiciaire. Rapprocher le statut du conciliateur de justice de celui des magistrats, modifier ses rapports avec les juridictions civiles (nomination, insigne, etc.) ne suffit à faire de lui un véritable acteur *direct* de l'article 21 du Code de procédure civile.

En tout état de cause, confier la mission de conciliation judiciaire à un conciliateur juridiquement profane fait craindre le risque d'une « dévalorisation du juridique »[391]. L'absence du juge dans le règlement du *litige* peut faire naitre chez le justiciable un sentiment d'insécurité juridique qui va à l'encontre d'une mission directrice issue de l'article 21.

Toutes ces raisons inclinent à un renforcement du statut du conciliateur de justice.

Quel statut conférer au conciliateur de justice ? Exerce-t-il les fonctions de « médiateur, juge de paix, de proximité, simple facilitateur social, diplomate ou encore "shérif" » ?[392] Le conciliateur doit devenir un véritable « adjoint du juge professionnel »[393], non pas seulement en qualité de délégataire d'une mission de conciliation, mais parce qu'ils contribuent de concert à l'effectivité de l'article 21 du Code de procédure civile.

Afin que sa mission entre parfaitement dans le champ d'application de cette disposition, Christophe Mollard-Courtau propose de faire du conciliateur de justice « un juge de proximité ou de paix à compétence limitée », « un conciliateur judiciaire

---

[390] C. Mollard-Courtau, « Commission Guinchard, justice de proximité et conciliateur de justice : le rendez-vous manqué… », *op. cit.*, p. 15.

[391] N. Dion, *De la médiation*, *op. cit.*, p. 206s.

[392] C. Mollard-Courtau, « Conciliateur de justice : médiateur, juge de paix ou facilitateur social ? Esquisse d'un nouveau statut du XXIe siècle », *Village de la justice*, 22 févr. 2018.

[393] Rapport de J.-C. Magendie (dir.), *Célérité et qualité de la justice, Les conciliateurs de justice*, avr. 2010, p. 17.

magistrat non professionnel »[394] avec des compétences judiciaires limitées à la conciliation. Ce statut de « *juge* », certes à compétences restreintes, le ferait entrer de plain-pied dans l'article 21, qui donne mission à l'ensemble des juges judiciaires de concilier les parties.

N'y-a-t-il pas un paradoxe ? Alors qu'habituellement ce devrait être le statut d'un acteur de justice (magistrat, avocat…) qui conditionne l'application d'un texte, ce serait ici la volonté de rendre effective l'application de l'article 21 qui conditionnerait la modernisation du statut du conciliateur de justice.

2 – Reconnaître une nouvelle place dans l'institution judiciaire

Le rôle de la justice de proximité s'analyse à l'aune de l'Histoire longue, des juges de paix institués à la Révolution au tribunal d'instance dans son rôle de « justice du quotidien » ; enfin les juridictions de proximité créées en 2002[395]. La loi de modernisation de la justice[396] a finalement acté la suppression des juridictions de proximité au 1er juillet 2017. Le conciliateur de justice hérite désormais de ce « trait d'union entre le judiciaire et le justiciable »[397], sans toutefois constituer une nouvelle forme de juridiction.

En 2015, un rapport de l'Inspection Générale des Services Judiciaires (IGSJ) avait déjà préconisé la fusion des fonctions de conciliateurs de justice et des juges de proximité, par l'institution

---

[394] C. Mollard-Courtau, « Conciliateur de justice : médiateur, juge de paix ou facilitateur social ? Esquisse d'un nouveau statut du XXIe siècle », *op. cit.*

[395] L. n°2002-1138 du 9 sept. 2002 d'orientation et de programmation pour la justice, Titre II.

[396] Lesquelles sont substituées à des « magistrats exerçant à titre temporaire ». Art. 15 de la L. n°2016-1547 du 18 nov. 2016 de modernisation de la justice du XXIe siècle.

[397] J.-Y. Le Borgne, *Changer la justice, op. cit.*, p. 132.

de « *conciliateurs juges de proximité* » matériellement compétents en matière de conciliation judiciaire déléguée[398].

La loi de programmation 2018-2022 semble avoir entériné cette volonté de maintenir une telle proximité[399], en accolant aux nouveaux *tribunaux judiciaires*[400] de nouvelles « chambres de proximité », dénommées « tribunaux de proximité », et dont les compétences territoriales et matérielles seraient ultérieurement définies par décret[401]. Ces « chambres de proximité » ne seraient-elles pas une forme de reconnaissance d'un secteur dédié à la conciliation judiciaire ? En leur sein, les conciliateurs de justice, nouveaux *juges exclusivement conciliateurs* et pleinement intégrés à l'institution judiciaire civile, constitueraient ainsi un « pôle judiciaire de conciliation » devant lequel seraient renvoyés les litiges dont le règlement conciliationnel serait *a priori* une réponse judiciaire opportune.

Élever le conciliateur au rang de « juge conciliateur » traduirait toutefois une segmentation des deux offices *juridictionnel* et *conciliationnel* du juge ; reviendrait à édifier une certaine « spécialisation des juges »[402]. Alors que certains seraient mobilisés pour une mission conciliationnelle, d'autres seraient exclusivement impliqués dans une mission juridictionnelle. Or, les principes directeurs du procès civil, dont font partie ces deux offices, doivent se lire conjointement au cours du procès. Comme il a déjà été dit, offices *juridictionnel* et *conciliationnel* ne sont pas exclusifs l'un de l'autre, mais additionnels. Cette sectorisation est-elle pour autant en contradiction avec les dispositions légales ? A priori non. En effet, l'on sait que l'organisation procédurale du Conseil de prud'hommes s'apparente déjà à une sectorisation des fonctions

---

[398] V. Rapport sur *Le développement des modes amiables de règlement des différends*, *op. cit.*, spéc. p. 31.

[399] M. Roccati, « Le renforcement de l'office du juge : analyse d'une réforme envisagée », *LPA* n°006, 8 janv. 2019, p. 5.

[400] Fruit de la fusion des TI et TGI à compter du 1er janvier 2020.

[401] COJ, art. L. 212-8, créé par la L. n°2019-222 du 23 mars 2019 de programmation 2018-2022 et de réforme pour la justice.

[402] S. Amrani-Mekki, « Les chantiers de la justice Numérique, Procédure civile et Réseau des juridictions : le rationnel est-il toujours raisonnable ? », *Gaz. Pal.* n°05, 6 févr. 2018, p. 69.

judiciaires. L'office conciliationnel du juge s'exerce par un premier groupe d'assesseurs constituant le bureau de conciliation et d'orientation ; tandis que l'office juridictionnel relève en principe de la compétence d'autres assesseurs composant le bureau de jugement. À ce titre, l'article R. 1454-7 du Code du travail dispose que le règlement intérieur de la juridiction « peut prévoir l'affectation de certains conseillers prud'hommes *par priorité »* au bureau de conciliation et d'orientation. Seraient-ce les prémices d'une spécialisation des juges à la conciliation[403] ?

§ 2 – Les autres acteurs de la conciliation

Le tiers conciliateur chargé d'une mission de conciliation, juge ou conciliateur de justice, ne peut être un acteur solitaire. Cette mission pacificatrice doit être impulsée dans un cadre collectif, au cœur d'une équipe[404].

Le médiateur, dont le rôle est fréquemment confondu avec celui du conciliateur, est en réalité un collaborateur intervenant « en amont » de la conciliation. La collaboration entre ces deux institutions mérite d'être clarifiée, puis articulée autour d'une finalité commune : le règlement d'un *litige* et son *conflit originel* (A). La personne centrale du juge dans la mission de conciliation ne doit pas non plus faire oublier un autre acteur essentiel dans la « démocratie des individus »[405], à savoir *l'avocat*. Son implication personnelle dans cette forme de *justice conciliationnelle,* en amont comme durant son déroulement, est un enjeu fondamental pour l'aboutissement d'une conciliation judiciaire (B).

---

[403] L. Casaux-Labrunée et J-F. Roberge (dir.), *op. cit.*, p. 445.

[404] Expression employée dans le rapport « *L'ambition raisonnée d'une justice apaisée* », réalisé par la Commission sur la répartition des contentieux, présidée par S. Guinchard, rapport officiel au garde des sceaux, 2008, p. 155.

[405] A. Garapon, S. Perdriolle, B. Bernabé, *La Prudence et l'Autorité, Juges et procureurs du XXIe siècle, op. cit.*, p. 293.

A – Le médiateur, pacificateur « pré-conciliationnel »

Si le juge peut être conciliateur aux termes de l'article 21 du Code de procédure civile, il ne peut être médiateur[406] car « l'intervenant apparaît chargé d'une mission thérapeutique qui n'appartient pas au juge »[407]. N'est-ce pas là un premier indice de différenciation entre les missions de médiateur et conciliateur ? Dans ces conditions, pourquoi confondre ces deux institutions (1) dont l'objet diffère sensiblement[408] ? Ne serait-ce pas nier leur complémentarité dans la visée de pacification (2) ?

1 – Confusion entre médiation et conciliation

La confusion entre *conciliation* et *médiation,* entre fonctions du conciliateur et du médiateur, n'est plus à démontrer. Sous l'influence des recommandations européennes[409], l'article 1530 du Code de procédure civile[410] contribue d'ailleurs à assimiler ces deux institutions, en proposant une définition commune de la conciliation extrajudiciaire et de la médiation *:* « aider les parties à la résolution amiable de leurs différends ». Dans la pratique doctrinale, la notion de *conciliation* est une « notion-mère »[411]

---

[406] Le juge *doit* désigner une tierce personne, après avoir recueilli l'accord des parties (C. pr. civ., art. 131-1).

[407] E. Serverin, « Le médiateur civil et le service public de la justice », *RTD civ.,* 2003, p. 235.

[408] B. Gorchs, « La médiation dans le procès civil : sens et contresens », *op. cit.*, p. 409.

[409] L'Union européenne invite les États membres à développer des modes de résolution amiable des litiges au sein de leur législation interne. En droit européen, médiation et conciliation sont des notions très larges qui se superposent, sans qu'elles ne fassent l'objet de distinction. V. notamment : L. Casaux-Labrunée, « La liberté de se réconcilier », *op. cit.,* p. 525s.

[410] Issu du décret n°2012-66 du 20 janvier 2012 relatif à la résolution amiable des différends.

[411] A. Audrerie, *op. cit.,* p. 29.

qui a tendance à englober l'ensemble des modes de résolution amiable des conflits, notamment la médiation[412].

De nombreux travaux théoriques se sont efforcés de clarifier ces deux notions en analysant leurs ressemblances et dissemblances[413]. Une première distinction tient à leur formation : si le médiateur est nécessairement titulaire d'un diplôme d'État, le conciliateur de justice est tenu de justifier « d'une expérience en matière juridique d'au moins trois ans »[414]. La dimension financière constitue un autre point de distinction. Intégrée au service public de la justice, la conciliation est originellement gratuite ; la médiation est en revanche payante, sauf exceptions comme en matière de médiation familiale ou de consommation, par exemple. Ce critère financier pose évidemment problème, notamment en matière de préalables extrajudiciaires, les parties faisant le choix de s'orienter vers un conciliateur plutôt qu'un médiateur[415], alors même que ces deux modes amiables n'ont pas la même finalité. Bien que complémentaires, médiation et conciliation sont ainsi mis artificiellement en concurrence.

2 – Complémentarité entre médiation et conciliation

La confusion patente entre médiation et conciliation contribue à rendre plus floue la notion de *conciliation judiciaire.*

Très loin des termes d'un accord, les parties peuvent ne pas parvenir à « se mettre d'accord sur les termes de leur désaccord », voire sur l'existence même d'un conflit.

---

412 *Loc. cit.*. La médiation est souvent présentée comme une « forme de conciliation ».

413 V. notamment : A. Audrerie, *Médiation et conciliation : quelle distinction en matière juridique ? Contribution à l'étude des modes alternatifs de règlement des conflits en droit social, op. cit.* ; et J. Joly-Hurard, *Conciliation et médiation judiciaires, op. cit.* V. aussi : B. Gorchs, « La médiation dans le procès civil : sens et contresens », *op. cit.,* p. 409.

414 Art. 2, al. 2, du D. n°78-381 du 20 mars 1978.

415 Sur le choix laissé aux justiciables en matière de préalables amiables extrajudiciaires, v. supra, Partie I, Ch. 2, Sect. 2, §1.

L'assentiment des parties à une tentative de conciliation proposée par le juge met en évidence une condition *sine qua non* de la conciliation judiciaire : l'acceptation d'un principe de dialogue par les parties. On mesure alors l'intérêt d'une collaboration du tiers conciliateur avec la personne du médiateur. Que ce dernier intervienne en amont du procès civil ou en parallèle comme dans le cas d'un blocage entre les parties durant la conciliation, son rôle consiste à tenter de renouer « un dialogue rompu qui nourrit une tension conflictuelle »[416]. La médiation permet de rechercher l'origine profonde du différend, par la volonté d'un « médiateur accoucheur »[417]. Avec cette manière de procéder, la médiation offre l'opportunité d'un « préambule de cohésion sociale » bénéfique à la conciliation judiciaire.

Ce préambule de médiation s'articule avec la conciliation judiciaire, qui n'a pas, contrairement à elle, pour finalité de « définir » un conflit, mais de le régler[418]. La *réconciliation* permise par l'intervention du médiateur facilite la *conciliation* tentée par le juge ou conciliateur de justice. Par l'intervention du médiateur, le conciliateur peut s'attacher à construire plus facilement une réponse *factuellement juridique* et mieux cerner les attentes des parties[419]. L'aspect *curatif* de la médiation, conçu comme un outil de facilitation, permet ainsi de renforcer l'aspect *résolutif* de la conciliation judiciaire, chargée de trouver une solution préférable à un jugement. En articulation avec la conciliation judiciaire, l'intervention du médiateur doit ainsi être

---

[416] B. Gorchs, « La conciliation comme 'enjeu' dans la transformation du système judiciaire », *op. cit.,* spéc. p. 244. V. aussi : S. Amrani-Mekki, F. Vert, « Gérer le contentieux en évitant le juge », *op. cit.,* p. 3.
[417] A. Pekar Lempereur, J. Salzer, A. Colson, *Méthode de médiation. Au cœur de la conciliation,* Dunod, 2008, p. 20s.
[418] À titre de preuve, l'art. 1 du D. n°78-381 du 20 mars 1978 relatif aux conciliateurs de justice précise que l'objectif de la conciliation est de « rechercher le *règlement amiable* d'un différend ».
[419] B. Gorchs, « La conciliation comme 'enjeu' dans la transformation du système judiciaire », *op. cit.,* p. 244.

entendue « comme un maillon du processus de règlement des litiges »[420].

B – L'avocat, nouvel interlocuteur conciliationnel

L'évolution de la profession d'avocat est l'une des clefs du succès de la conciliation judiciaire. De *défenseur contradicteur*, il deviendrait le *collaborateur conciliationnel* du tiers conciliateur (1). Moins qu'un *garant des droits légaux*, il serait le nouveau *garant de l'équilibre des droits entre les parties* (2). Le concours de l'avocat et ses nouvelles modalités d'intervention permettrait sans doute à la justice conciliationnelle de mieux « cicatrise(r) au lieu de mutiler »[421].

1 – Collaborateur conciliationnel du juge

> « Fracture générationnelle, dualisation des corps professionnels, exaspération des antagonismes statutaires professionnels convergent pour identifier un risque de fragmentation. Cette fragmentation exerce des effets délétères sur la justice française qui a plus que jamais besoin de s'appuyer sur l'unité des corps et sur une collaboration resserrée entre le barreau, le palais et l'université pour devenir plus forte »[422]

Les parties au procès civil peuvent-elles réussir à pacifier leurs échanges, alors que leur tentative de conciliation s'inscrit dans une atmosphère d'affrontement entre avocats et magistrats ?

---

420 Propos tenus par Pierre Drai, ancien premier président de la Cour de cassation, repris dans : *La régulation par le juge de l'accès au prétoire,* V. Donier et B. Lapérou-Scheneider (dir.), *op. cit.,* p. 175.

421 Notes J.-Cl. Fourgoux, *Gaz. Pal.,* 17 oct. 1989, jurisprudence, p. 791.

422 A. Garapon, S. Perdriolle, B. Bernabé, *La Prudence et l'Autorité, Juges et procureurs du XXIe siècle, op. cit.,* p. 287.

Avant d'envisager les clés du succès d'une conciliation judiciaire, c'est d'abord la réconciliation entre ces deux acteurs qui doit prendre un nouveau souffle. Par la forme de justice conciliationnelle, la coexistence des acteurs du procès civil n'est plus un temps d'opposition mais de collaboration[423]. Réduire la fracture existante entre les deux professions – avocats et magistrats – c'est « faire du temps du procès un temps utile »[424].

Encore faut-il, « pour convaincre » « être convaincu » par le fonctionnement et l'intérêt du mode opératoire conciliationnel. La conciliation judiciaire implique ainsi des acteurs du procès civil une « culture judiciaire renouvelée, centrée sur une déontologie à repenser »[425]. Une attention toute particulière à l'intérêt d'une résolution conciliationnelle doit être portée dans le cadre des formations théorique et pratique destinées aux avocats et magistrats. Comme évoqué tout au long de ce mémoire, il importe que le juge prenne le pli de son office conciliationnel et puisse se détacher, s'extraire de son *imperium* juridictionnel. À l'avocat, ensuite, de renoncer à « sa stratégie contentieuse traditionnelle pour lui substituer une stratégie de négociateur »[426], de « rassembleur de volontés »[427]. La construction commune d'une solution amiable le contraint à « retenir une partie de son élan naturel, étouffer son goût parfois

---

[423] L. Casaux-Labrunée et J.-F. Roberge (dir.), *Pour un droit du règlement amiable des différends (des défis à relever pour une justice de qualité), op. cit.,* p. 54-55.

[424] X. Lagarde, « L'esprit d'une réforme », *in Réformer la justice civile. Séminaire de droit processuel,* C. Chanais et X. Lagarde (coord.), Actes du colloque du 6 fév. 2018, *La Semaine Juridique n°13*, 26 mars 2018, p. 22.

[425] F. Ost, « Le rôle du juge : vers de nouvelles loyautés ? », *in Le rôle du juge dans la cité,* actes du colloque du 12 oct. 2001, organisé par l'Institut d'études sur la justice, en collaboration avec le Centre de droit judiciaire de l'Université de Louvain, Bruxelles, 2002, p. 15-45, spéc. p. 43.

[426] J. Joly-Hurard, *Conciliation et médiation judiciaires, op. cit.,* p. 345.

[427] Ph. Boulisset, Ch. Couchet, E. Moutet (part.), *Guide de la conciliation, op. cit.* p. 10.

esthétique de la confrontation »[428]. On mesure ici l'enjeu des formations initiales et continues des avocats dans le développement d'une « culture de l'amiable ». Si, comme chacun sait, les bonnes conclusions font les bons jugements, ne pourrait-on pas considérer, d'une autre façon, que « les bonnes conclusions font les bonnes transactions » ? [429]

2 – Garant d'un équilibre entre les parties

Entre l'avocat et ses clients doit exister un partage bien compris des avantages liés à la conciliation. Son rôle peut s'avérer primordial en amont de la tentative de conciliation : modération des émotions vindicatives, recherche d'apaisement pour permettre d'élargir le débat[430]. D'ailleurs, cette forme de conseil en matière amiable ressemble de près à la convention de procédure participative, créée en 2010[431]. Il s'agit d'une convention formulée par écrit, grâce à l'assistance d'un avocat, par laquelle les parties s'engagent conjointement à une résolution amiable de leur litige, préalablement à la saisine du juge[432]. Cette forme de résolution amiable « à deux temps » a marqué le début d'une dimension conciliationnelle de la profession d'avocat.

En outre, on peut légitimement s'interroger sur la capacité des parties à connaître leurs droits dans le contexte d'une tentative de conciliation.

---

[428] V. Rapport sur *Le développement des modes amiables de règlement des différends, op. cit.,* p. 2.

[429] L. Cadiet, « Solution judiciaire et règlement amiable des litiges : de la contradiction à la conciliation », *op. cit.,* p. 135.

[430] J.-B. Drummen, « Fasc. 196 : Modes alternatifs de règlement des conflits », *op. cit.,* p. 11.

[431] Introduit par la L. n°2010-1609 du 22 déc. 2010 relative à l'exécution des décisions de justice, aux conditions d'exercice de certaines professions réglementées et aux experts judiciaires.

[432] C. civ., art. 2062 : « Une convention par laquelle les parties à un différend qui n'a pas encore donné lieu à la saisine d'un juge ou d'un arbitre s'engagent à œuvrer conjointement et de bonne foi à la résolution amiable de leur différend ».

Comment le juge pourrait-il à la fois encourager les parties à régler leur litige sur d'autres fondements que le droit, et les informer sur l'étendue de leurs droits[433] ? Quelle mission plus délicate pour le juge que de parvenir à *concilier* garantie d'impartialité et sauvegarde des droits des parties ? Informer la partie manifestement dans l'ignorance de ses droits ou bien privilégier la conciliation à tout prix en laissant la partie qui a juridiquement raison succomber à un accord qui lui est désavantageux : tel est le dilemme. La légitimité de la conciliation judiciaire exige que le juge ne s'érige pas en défenseur des droits des parties.

Ce rôle revient à l'avocat. Sa présence est indispensable pour pallier les risques de déséquilibres et d'atteintes excessives aux droits des parties[434].

Le contexte conciliationnel dans lequel s'inscrit l'accord ne fait pas de l'avocat un acteur a-juridique. Même si l'accord de conciliation est – en principe – construit indépendamment du droit, il ne signifie pas « absence du droit ». À cet égard, Jean Carbonnier envisageait le « *non-droit* », non pas comme un « vide absolu du droit, mais comme une baisse plus ou moins considérable de la pression judiciaire »[435]. En matière de conciliation, le droit se situe à « une place simplement différente de celle occupée par les procédés juridictionnels classiques »[436]. Il en résulte que la préservation des droits des parties par l'avocat relève d'une application subsidiaire du droit se détachant du légicentrisme traditionnel.

La comparution personnelle des parties est naturellement primordiale pour l'établissement d'un accord de conciliation au plus près de leur volonté.

---

433 B. Travier et R. Cros, « Les procédures orales à l'aune de la Convention européenne de sauvegarde des droits de l'homme : mort ou résurrection ? », *Procédures n°4,* étude 4, avr. 2007, p. 2.

434 S. Amrani-Mekki, « Chantier de l'amiable : concevoir avant de construire », *op. cit.* p. 69.

435 J. Carbonnier, *Flexible droit. Pour une sociologie du droit sans rigueur, Archives de philosophie du droit,* Sirey, 1963, p. 25-47, spéc. p. 26.

436 N. Dion, *De la médiation, op. cit.,* p. 212.

Les dispositions législatives tenant à la représentation des parties au cours d'une conciliation composent un ensemble disparate, source de confusions. À titre d'exemple, si la représentation des parties par l'avocat *n'est pas envisagée* en matière de conciliation judiciaire déléguée, elle est *autorisée* devant le Conseil de prud'hommes[437] et *possible* en cas de motif légitime devant le tribunal paritaire des baux ruraux[438]. Au final, seules devraient subsister les dispositions en matière d'assistance de l'avocat. En l'occurrence, il est clairement exposé que les parties peuvent se faire *accompagner* par toute personne ayant qualité pour le faire devant la juridiction devant laquelle elles se trouvent, à la lumière des règles d'assistance en matière contentieuse, selon les normes propres à chaque juridiction[439]. On peut s'interroger sur l'opportunité d'une modification même légère des règles d'assistance en matière de conciliation judiciaire. L'assistance des parties par leur conjoint, concubin, autres membres de la famille (ou par un salarié devant le Conseil de prud'hommes), a incontestablement une vertu apaisante. Elle ne saurait cependant suffire à garantir un équilibre conventionnel entre les parties ; cette faculté relevant d'une compétence de l'avocat dans une nouvelle *conception conciliationnelle* de sa profession.

---

[437] Le D. n°2016-660 du 20 mai 2016 relatif à la justice prud'homale et au traitement judiciaire du contentieux du travail a supprimé l'obligation de comparution personnelle des parties devant le CPH. Désormais les parties ont le choix de comparaitre en personne, se faire assister ou représenter, sans avoir à justifier d'un motif légitime (V. art. R. 1453-1, R. 1453-2, du C. trav.).

[438] C. pr. civ., art. 883, al. 2.

[439] À titre d'ex, en matière prud'homale, les parties peuvent se faire assister par toute personne habilitée à le faire devant le CPH en matière contentieuse, conformément à l'art. R. 1453-2 du C. trav. Même chose devant le tribunal paritaire des baux ruraux, selon les art. 883 et 884 du C. pr. civ.

Conclusion

La présente étude avait pour ambition de saisir un tant soit peu les contours de la conciliation au cœur des juridictions civiles. La notion n'est pas simple à percevoir du fait des approximations qui entourent son intégration institutionnelle. Le cadre judiciaire dans lequel la conciliation s'acclimate n'opère pas un cloisonnement hermétique de la nature de la conciliation. De sorte que la nature de la conciliation initiée dans le cadre d'un procès civil ne sera jamais « purement judiciaire ». Elle interfère avec d'autres natures conventionnelles et extrajudiciaires ; plus encore, elle est parfois « parajudiciaire ». Cette approximation est d'autant plus flagrante que l'acteur central de la conciliation, à savoir le juge, joue moins un rôle d'impulsion qu'un rôle d'exécutant légal en périphérie de la conciliation judiciaire.

En dépit des approximations touchant à la conciliation judiciaire, les juridictions civiles se doivent de l'institutionnaliser davantage. Moins que d'une « désétatisation »[440], si l'on entend par là un déplacement de la fonction de l'État, il s'agit d'une « réinstitutionnalisation » de sa mission conciliationnelle. L'intérêt est ainsi de concevoir et construire au cœur du système de justice traditionnel une nouvelle forme de justice conciliationnelle, parallèle au mode de règlement juridictionnel[441]. C'est en reconsidérant la conciliation sous un nouvel angle, à la fois par une organisation procédurale et une redéfinition des rôles au sein du procès civil, que l'office conciliationnel du juge civil trouvera ses repères.

---

[440] V. L. Lamarche, « L'État désétatisé et ses fonctions sociales : éléments de réflexion », *in* F. Crépeau (dir.), *Mondialisation des échanges et fonctions de l'État*, Bruylant, 1997, p. 233-254.

[441] B. Gorchs, « La conciliation comme "enjeu" dans la transformation du système judiciaire », *op. cit.,* spéc. p. 240.

Le chemin sera long. L'organisation du système de la justice est encore majoritairement tournée vers sa fraction juridictionnelle plutôt que l'amiable judiciaire ; en 2015, pour 100 000 habitants, on recensait 2,9 conciliateurs en activité contre 10,5 juges professionnels[442]. Le bien-fondé d'une forme de justice conciliationnelle supposerait de remettre en cause, dans une certaine mesure, la toute-puissance du jugement comme mode de règlement le plus naturel aux fins d'éteindre une instance[443] ; en même temps de valoriser l'offre conciliationnelle en ce qu'elle offrirait des protections équivalentes. Serait dès lors garanti aux parties « un droit à une conciliation équitable »[444].

La réappropriation de son office conciliationnel offrirait au juge la possibilité d'exercer concrètement sa mission de restauration du lien social dans toutes ses dimensions[445]. Ce pourrait être une réponse judiciaire séduisante pour dépasser ce paradoxe sociétal : « une grande attente de justice, mais une grande méfiance à l'égard de la justice »[446]. Face aux attentes sociales, la réussite du fonctionnement de la conciliation judiciaire devrait concourir, comme il est toujours souhaitable, à « redorer le blason de la justice »[447].

---

[442] V. « L'activité des conciliateurs de justice en 2015 », *InfoStat Justice, Bulletin d'information statistique,* fév. 2017, n°148.

[443] C'est ainsi qu'il est présenté par le Code de procédure civile. À titre d'exemples, art. 1, C. pr. civ. : « elles ont la liberté d'y mettre fin avant qu'elle ne s'éteigne par l'effet du jugement […] » ; art. 384 C. pr. civ. : « en dehors des cas ou cet effet résulte du jugement […] ».

[444] L. Cadiet, J. Noramand, S. Amrani-Mekki, *Théorie générale du procès, op. cit.,* p. 233-234.

[445] P. Giraud, « L'office du juge dans la conciliation et la médiation judiciaires : à la (re)découverte d'un office pluriel », *op. cit.,* p. 89s.

[446] Préface de Dominique Perben, *in Changer la justice,* J.-Y. Le Borgne, *op. cit.,* p.8.

[447] F. Ruellan, « Les modes alternatifs de résolution des conflits : pour une justice plurielle dans le respect du droit », *La Semaine Juridique. Édition Générale n°19,* 12 mai 1999.

Annexes

Annexe n°1 – L'activité des conciliateurs de justice.

Annexe n°2 – Ébauche d'une classification des préliminaires de conciliation.

Annexe n°3 – Réflexion sur l'adaptation d'un itinéraire procédural *conciliationnel*.

Annexe n°1 – L'activité des conciliateurs de justice

Source : *Infostat Justice*, « L'activité des conciliateurs de justice en 2015 », Bulletin d'information statistique, n°148, fév. 2017, consultable : www.justice.gouv.fr

Annexe n°1 A – Évolution des saisines pour conciliation selon l'origine

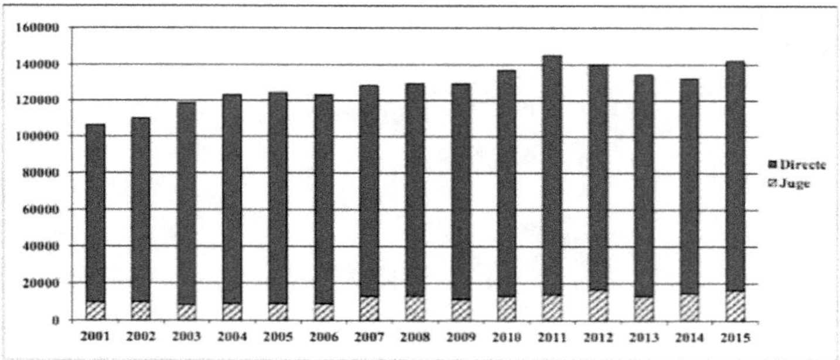

Champ : France – saisines fondées et saisines par le juge
Source : Ministère de la Justice-SG-SDSE-Enquête conciliateurs

Annexe n°1 B – Les conciliations déléguées en perspective avec l'activité globale des conciliateurs de justice

L'activité des conciliateurs de justice

	2001	2015	Evolution 2001/2015 en %
Nombre de conciliateurs	1 815	1 920	6
Visites reçues	164 000	230 000	40
Ensemble des saisines	106 300	142 100	34
Ensemble des affaires conciliées	60 200	80 200	33
Taux de réussite des conciliations en %	57	56	///
Saisine directe par les particuliers			
Toutes saisines directes	96 700	125 800	30
Affaires conciliées	54 400	72 200	33
Taux de réussite des conciliations en %	56	57	///
Saisine par le juge			
Toutes saisines par le juge	9 600	16 300	69
Affaires conciliées	5 800	8 000	39
Taux de réussite des conciliations en %	60	49	///

Source: ministère de la justice-SG-SEM-SDSE- Enquête conciliateurs

Annexe n°2 – Ébauche d'une classification des préliminaires de conciliation

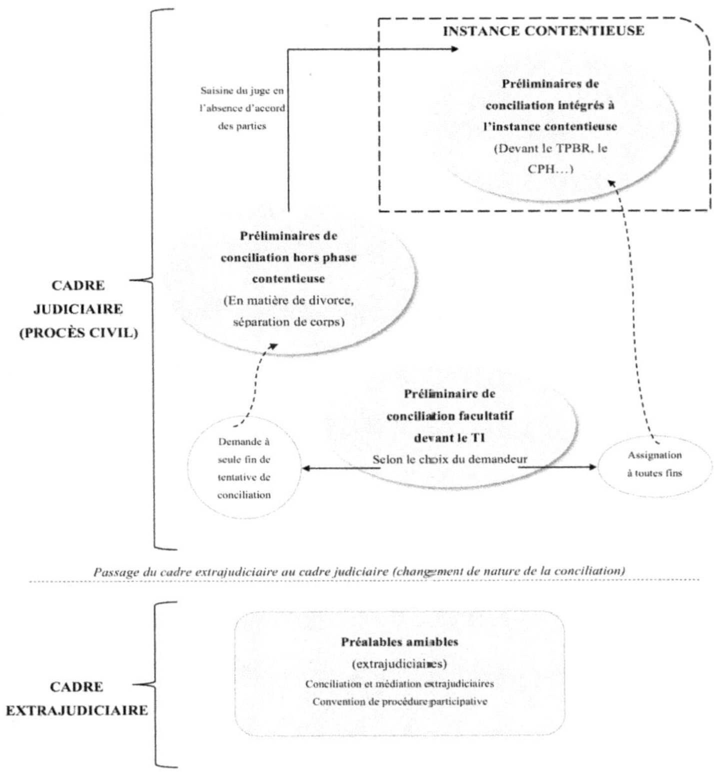

Annexe n°3 – Réflexion sur l'adaptation d'un itinéraire procédural *conciliationnel*

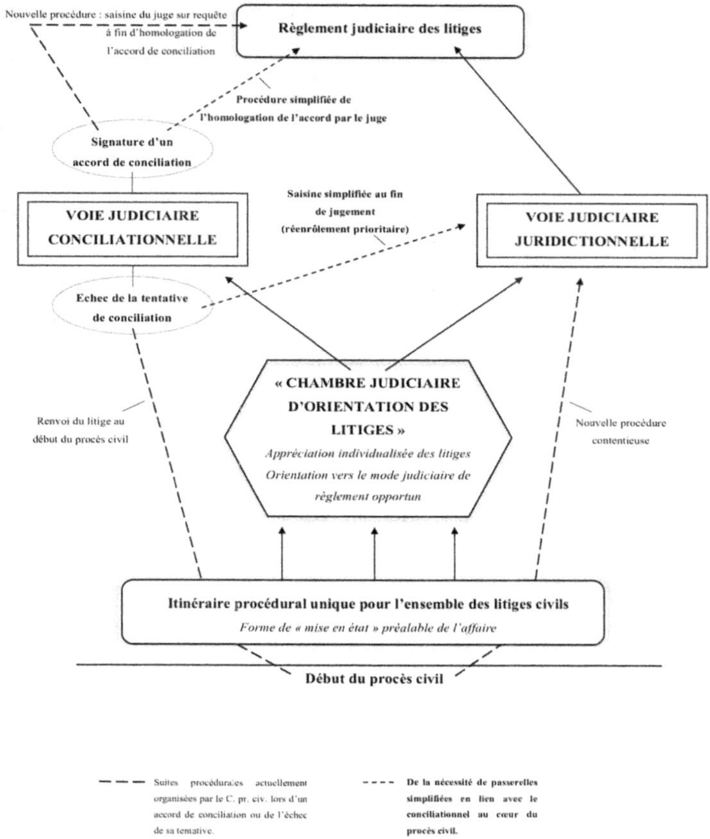

Table des matières

Structures éditoriales du groupe L'Harmattan

L'Harmattan Italie
Via degli Artisti, 15
10124 Torino
harmattan.italia@gmail.com

L'Harmattan Hongrie
Kossuth l. u. 14-16.
1053 Budapest
harmattan@harmattan.hu

L'Harmattan Sénégal
10 VDN en face Mermoz
BP 45034 Dakar-Fann
senharmattan@gmail.com

L'Harmattan Cameroun
TSINGA/FECAFOOT
BP 11486 Yaoundé
inkoukam@gmail.com

L'Harmattan Burkina Faso
Achille Somé – tengnule@hotmail.fr

L'Harmattan Guinée
Almamya, rue KA 028 OKB Agency
BP 3470 Conakry
harmattanguinee@yahoo.fr

L'Harmattan RDC
185, avenue Nyangwe
Commune de Lingwala – Kinshasa
matangilamusadila@yahoo.fr

L'Harmattan Congo
67, boulevard Denis-Sassou-N'Guesso
BP 2874 Brazzaville
harmattan.congo@yahoo.fr

L'Harmattan Mali
Sirakoro-Meguetana V31
Bamako
syllaka@yahoo.fr

L'Harmattan Togo
Djidjole – Lomé
Maison Amela
face EPP BATOME
ddamela@aol.com

L'Harmattan Côte d'Ivoire
Résidence Karl – Cité des Arts
Abidjan-Cocody
03 BP 1588 Abidjan
espace_harmattan.ci@hotmail.fr

L'Harmattan Algérie
22, rue Moulay-Mohamed
31000 Oran
info2@harmattan-algerie.com

L'Harmattan Maroc
5, rue Ferrane-Kouicha, Talaâ-Elkbira
Chrableyine, Fès-Médine
30000 Fès
harmattan.maroc@gmail.com

Nos librairies en France

Librairie internationale
16, rue des Écoles – 75005 Paris
librairie.internationale@harmattan.fr
01 40 46 79 11
www.librairieharmattan.com

Lib. sciences humaines & histoire
21, rue des Écoles – 75005 Paris
librairie.sh@harmattan.fr
01 46 34 13 71
www.librairieharmattansh.com

Librairie l'Espace Harmattan
21 bis, rue des Écoles – 75005 Paris
librairie.espace@harmattan.fr
01 43 29 49 42

Lib. Méditerranée & Moyen-Orient
7, rue des Carmes – 75005 Paris
librairie.mediterranee@harmattan.fr
01 43 29 71 15

Librairie Le Lucernaire
53, rue Notre-Dame-des-Champs – 75006 Paris
librairie@lucernaire.fr
01 42 22 67 13

www.ingramcontent.com/pod-product-compliance
Lightning Source LLC
LaVergne TN
LVHW021235061026
849535LV00008B/3064